5가지 사랑의 언어 워크북

**THE 5 LOVE LANGUAGES, SMALL GROUP STUDY**
by Gary Chapman

This book is based upon *The 5 Love Languages*,
which was first published in the United States by Northfield Publishing
Copyright ⓒ 1992, 1995, 2004, 2010, 2015 by Gary D. Chapman.
All rights reserved.

The 5 Love Languages is a registered trademark of The Moody Bible Institute of Chicago
in the United States and other Jurisdictions.

Korean Edition published by Word of Life Press, Seoul 2019
Translated by permission.
Printed in Korea.

5가지 사랑의 언어 워크북

ⓒ 생명의말씀사 2019

2019년  9월 27일 1판 1쇄 발행
2022년 10월 12일     2쇄 발행

펴낸이 | 김창영
펴낸곳 | 생명의말씀사

등록 | 1962. 1. 10. No.300-1962-1
주소 | 서울시 종로구 경희궁1길 6 (03176)
전화 | 02)738-6555(본사) · 02)3159-7979(영업)
팩스 | 02)739-3824(본사) · 080-022-8585(영업)

기획편집 | 정설아
디자인 | 윤보람
인쇄 | 영진문원
제본 | 보경문화사

ISBN 978-89-04-14149-4 (03230)

저작권자의 허락 없이 이 책의 일부 또는 전체를
무단 복제, 전재, 발췌하면 저작권법에 의해 처벌을 받습니다.

# 5가지 사랑의 언어 워크북

게리 채프먼 · 에이미 섬머스 지음 | 황을호 옮김

# THE FIVE LOVE LANGUAGES

/ 차례 /

이 책에 대해 7

1과. 사랑을 말하는 법 배우기 8
2과. 사랑의 언어 #1 인정하는 말 28
3과. 사랑의 언어 #2 함께하는 시간 44
4과. 사랑의 언어 #3 선물 56
5과. 사랑의 언어 #4 봉사 68
6과. 사랑의 언어 #5 스킨십 82
7과. 사랑의 성장 94

인도자 가이드 108

## THE FIVE LOVE
## LANGUAGES

### 이 책에 대해

'5가지 사랑의 언어'를 배우게 된 것을 환영한다! 토의를 시작하기 전에 몇 가지 기억해 두어야 할 것이 있다. 우선 이 워크북은 그룹 토의를 개인적으로 미리 준비할 수 있도록 돕는다. 이 책의 내용을 한꺼번에 공부하기보다는 매일 조금씩 공부하는 것이 좋다. 이렇게 하면 중심 내용과 자신이 배운 것을 더 깊이 생각할 수 있을 것이다. 이런 개인 공부 시간은 배운 것을 개인의 삶에 적용할 수 있도록 계획된 것이다. 이 시간을 건너뛰지 말기 바란다. 그렇게 해야 그룹 토의 시간에 자신의 대답을 나눌 수 있을 것이다.

더욱 유익한 공부가 되기 위해 다음의 몇 가지 지침을 따르라.

- 긴장을 풀라. 배우자에게 사랑을 가장 잘 표현하는 법을 배우기 위해 당신의 안전지대에서 나올 준비를 하라.
- 마음을 열고 배우자의 사랑의 언어로 사랑하는 법을 배우도록 개인적으로, 또 그룹으로 기도하라.
- 이 공부를 하는 동안 배운 것을 꾸준히 기록하라. 머릿속 기억은 사라질 수 있지만, 기록은 생생하게 남을 것이다.
- 배운 것을 다른 사람들과 자유롭게 나누라. 다른 사람들의 이야기를 잘 들으라. 서로에게서 소중한 것을 배울 수 있을 것이다.

채프먼 박사는 이렇게 말했다. "이 책은 대학 도서관에 쌓아 둘 학술 서적으로 쓴 것이 아니다. 결혼 생활에 대해 공부하는 사람들이 아니라 결혼한 사람들, 사랑에 빠진 감정에 취한 사람들, 서로를 최고로 행복하게 해주겠다는 부푼 꿈을 가지고 결혼했지만 현실을 만나 그 꿈을 송두리째 잃을 위험에 처한 사람들을 위해 썼다. 나는 많은 부부가 그들의 꿈을 다시 발견할 뿐 아니라 그 꿈을 이룰 길도 발견하기 바란다."

# 1과
## 사랑을 말하는 법 배우기

※참고 『5가지 사랑의 언어』
1. 결혼 후 사랑이 사라진다?
2. 사랑의 탱크를 채워라
9. 제1의 사랑의 언어를 아는 법
10. 사랑은 선택이다

"사랑이란 누군가를 위해 하는 것이지
나를 위해 하는 것이 아니다."

### 준비 질문*

다음 빈칸을 채워 보라.

_____이라는 말은 가장 중요한 단어다.
_____이라는 말은 가장 혼동하기 쉬운 단어다.
모든 아이의 내면에는 _____으로 채워지기를 기다리는 _____가 있다.
_____들도 사랑 탱크를 가지고 있다.

### 5가지 사랑의 언어

1. _____
2. _____
3. _____
4. _____
5. _____

사람마다 _____의 사랑의 언어가 있다.
우리는 본성적으로 자신의 _____ 사랑의 언어를 사용한다.
우리는 _____의 사랑의 언어로 말하는 방법을 _____ 한다.
_____ 되지 않는 행동을 하는 것이 더 대단한 사랑의 _____이다.
사랑이란 _____를 위해 하는 것이지 나를 위해 하는 것이 아니다.

---

\* 준비 질문은 본 과에서 공부하게 될 내용에 대한 개인의 기본적인 생각과 이해를 살펴보기 위한 것이니, 사전 점검 차원에서 부담 갖지 말고 임하길 바란다. 본서 『5가지 사랑의 언어』의 관련 장과 이 교재의 내용을 참고하여 질문에 답해 보라.

**정답** 사랑 / 사랑 / 사랑, 정서 탱크 / 어른 | **5가지 사랑의 언어** 1. 인정하는 말 2. 함께하는 시간 3. 선물 4. 봉사 5. 스킨십 / 자신 / 주된 / 배우자, 배워야 / 자연스럽게, 표현 / 누군가

**결혼 후** 사랑은 어떻게 되는가? 결혼 생활에서 로맨틱한 사랑에 대한 갈망은 우리의 심리적 성향과 깊이 관련되어 있다. 결혼 후에도 사랑을 유지하는 비밀을 알고 있는 부부는 왜 그렇게 드문가? 이 질문에 답하는 것이 이 책의 목적이다.

문제는 우리가 근본적인 하나의 사실을 간과해 왔다는 것이다. 그것은 사람들이 서로 다른 사랑의 언어를 사용한다는 것이다. 언어학적으로 보면 몇 가지 주요 언어군이 있다. 우리는 대부분 부모나 형제자매의 말을 배우며 성장하는데 그것이 제1의 언어, 즉 모국어가 된다. 후에 다른 언어를 배울 수는 있지만 대체로 많은 노력을 해야 한다. 이러한 언어는 제2의 언어가 된다. 우리는 모국어를 가장 잘 구사하며 이해한다. 모국어를 할 때 가장 편안하다. 만일 모국어밖에는 사용할 줄 모르는 사람이 다른 모국어 하나만 아는 사람을 만나게 되면 의사소통이 매우 제한될 것이다. 간신히 의사소통을 할 수 있다 하더라도 몹시 불편할 것이다. 우리가 타 문화권과 효과적으로 의사소통하기를 원한다면 반드시 그 문화권의 언어를 배워야 한다.

사랑도 이와 비슷하다. 중국어가 영어와 다르듯이 당신의 사랑의 언어가 배우자의 사랑의 언어와 다를 수 있다. 당신이 영어로 사랑을 표현하기 위해 아무리 노력한다 할지라도 당신의 배우자가 중국어만 아는 사람이라면 당신이 얼마나 사랑하는지를 결코 이해할 수 없을 것이다. 배우자에게 사랑을 효과적으로 전달하기 위해 우리는 배우자가 사용하는 사랑의 언어를 기꺼이 배워야만 한다.

Q. 서로에게 사랑을 표현할 때 당신이 만일 영어를 사용한다고 하면 배우자는 어떤 언어를 사용하는 것 같은가?

☐ 영어 : 우리는 서로의 사랑 표현을 이해한다.
☐ 스페인어 : 배우자의 말을 완전히 이해하지는 못하지만 가끔 몇 단어는 알아듣는다.

☐ 중국어 : 배우자가 뭔가 말하려고 한다는 것을 알지만 전혀 이해할 수 없다.

☐ 화성어 : 우리는 전혀 다른 행성에 살고 있다.

  40년간 결혼 생활 상담을 한 후 나는 기본적인 5가지 사랑의 언어, 즉 사람들이 사랑을 표현하고 이해하는 방법에는 5가지가 있다고 결론을 내렸다. 언어 체계에서는 한 언어에 수많은 표현 방법이나 변형이 있을 수 있다. 마찬가지로 기본적인 5가지 사랑의 언어 안에도 여러 가지 표현 방법이 있다. 사랑의 언어로 사랑을 표현하는 방법의 수는 단지 여러분의 상상 속에 맡겨 둔다. 중요한 것은 배우자의 사랑의 언어를 사용하는 것이다.

  남편과 아내가 같은 사랑의 언어를 사용하는 경우는 드물다. 우리는 자신의 주된 사랑의 언어를 사용하는 경향이 있는데, 배우자가 우리가 전한 언어를 이해하지 못하면 당혹스러워한다. 우리는 사랑을 표현했지만 그 메시지가 전달되지 못하는 것은 그들에게 낯선 언어이기 때문이다. 여기에 근본적인 문제가 있다. 이에 대한 해결책을 제시하는 것이 이 책의 목적이다.

  배우자의 제1의 사랑의 언어를 알고 배우게 되면, 당신은 결혼 생활을 사랑으로 이끌어 가는 열쇠를 발견한 것이다. 결혼 후에 사랑이 사라지는 것이 아니지만 그 사랑을 지속시키기 위해 우리는 제2의 사랑의 언어를 배우는 노력을 해야 할 것이다. 배우자가 나의 모국어를 이해하지 못할 때 나의 모국어만 사용해서는 안 된다. 내가 전달하려고 하는 사랑을 상대방이 느끼기 원한다면 그 사랑을 상대방의 사랑의 언어로 표현해야 한다.

## 사랑 탱크를 채우라

  심리학자들은 사랑받고 싶은 욕구가 인간의 가장 기본적인 정서적 욕구라고 결론지었다. 아동 심리학자들은 모든 아이가 정서적으로 안정되기 위해서는 충족되어야 하는 어떤 기본적인 정서적 욕구가 있다고 말한다. 이러한 정서적 욕구 가운데, 아이들이 누군가에게 소속되어 있고 필요한 사람이라는 것을 느끼게 해주는 사랑과 애정의 욕구보다 더 중요한 것은 아무것도 없다. 아이들은 충분한 애정을 받음으로 책임감 있는 어른으로 성장할 것이다. 반면 사랑이 결핍된 아이들은 정서적으로나 사회적으로 문제를 겪게 될 것이다.

아동기와 사춘기의 전문가인 정신과 의사 로스 캠벨 박사는 이렇게 말한다. "모든 아이의 내면에는 사랑으로 채워지기를 기다리는 '정서 탱크'(emotional tank)가 있다. 아이가 진정으로 사랑받고 있다고 느낄 때 그 아이는 정상적으로 성장하지만, 그 사랑 탱크가 비었을 때 그 아이는 그릇된 행동을 하게 된다. 수많은 아이들의 탈선은 빈 '사랑 탱크'(love tank)가 채워지기를 갈망하는 데서 비롯된다."

사랑에 대한 정서적 욕구는 단순히 아동기의 현상에 불과한 것만은 아니다. 그것은 장년기나 결혼 생활 때도 계속된다. 사랑에 빠지는 경험을 하기 전에도 사랑이 필요하다. 우리는 살아 있는 한 사랑이 필요하다. 이 책의 목적은 그런 종류의 사랑, 즉 우리의 정서적 건강에 꼭 필요한 사랑에 초점을 맞추려는 것이다.

내면에 깊은 상처가 있는 부부는 '정서적 사랑 탱크'가 비어 있어 그런 것이 아닐까? 탈선이나 거친 말이나 비판적 태도가 빈 사랑 탱크 때문이 아닐까? 이 텅 빈 탱크를 채울 길을 찾을 수 있다면 결혼 생활은 다시 새로워질 수 있지 않을까? 사랑 탱크가 가득 찬다면 부부들이 서로의 차이점을 의논하여 갈등을 해결할 수 있는 정서 상태를 회복할 수 있지 않을까? 그 탱크가 결혼 생활을 정상화하는 열쇠가 되지 않을까?

자동차의 연료 탱크에 기름을 넣어 적당한 레벨로 유지해 주어야 하듯, 사랑 탱크에도 충분하게 사랑을 채워 사랑의 레벨을 유지해 주는 것이 중요하다고 나는 확신한다. 결혼 생활에 빈 '사랑 탱크'를 그대로 두고 지내는 것은 기름을 넣지 않고 자동차를 운전하는 것보다 더 위험하다. 당신이 읽고 있는 이 책은 위기에 빠진 수많은 결혼 생활을 구할 수 있으며 아름다운 결혼 생활로 이끌어 줄 수 있다. 지금 당신의 결혼 생활이 어떠하든지 분명히 나아질 수 있다.

Q. **사랑 탱크를 점검하는 게임을 하라.**

1. 아래에 두 개의 사랑 탱크가 있다. 사랑받기 원하는 당신의 갈망이 배우자에 의해 얼마나 채워지고 있는가? 0부터 10까지 중 당신의 사랑 탱크 수위는 지금 어디를 가리키고 있는지 눈금을 표시해 보라. 0은 텅 비었다는 의미고, 10은 가득 차 있다는 의미다. 또 사랑에 대한 당신의 배우자의 갈망을 당신은 어느 정도 채워 주고 있는 것 같은지 표시해 보라.

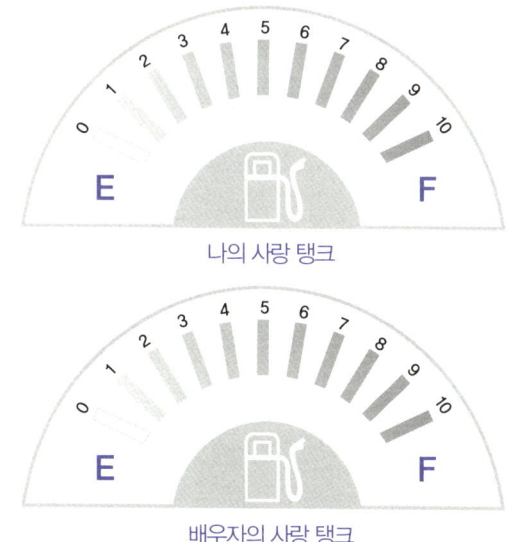

나의 사랑 탱크

배우자의 사랑 탱크

2. 당신의 응답과 배우자의 응답을 비교해 보라. 이 공부를 통해 서로의 사랑 탱크가 차고 넘치게 할 수 있는 방법을 생각해 보라.

_____

_____

## 5가지 사랑의 언어

2-6과에서는 5가지 사랑의 언어를 깊이 살펴볼 것이다. 우선 5가지 사랑의 언어를 간단하게 소개한다.

### 인정하는 말

마크 트웨인이 "나는 한 번 칭찬을 받으면 두 달 동안은 잘 지낼 수 있다."라고 말한 적이 있다. 말로 하는 칭찬은 제1의 사랑의 언어가 인정하는 말인 사람들에게는 강력한 도구가 된다. "그 옷 정말 잘 어울리네요." 또는 "당신은 세계 최고의 요리사야. 당신이 만든 음식이 정말 좋아." 등의 간단한 말만 해도 사랑받는다고 느낄 수 있다. 칭찬하는 말의 또 다른 방법은 격려하는 말이다.

### 함께하는 시간

함께하는 시간은 그저 가까이 있는 것이 아니다. 당신의 모든 에너지를 상대방에게 집중하는 것이다. 텔레비전을 보면서 아내의 말을 듣는 것은 아내와 함께하는 시간을 가지는 것이 아니다. 당신의 모든 관심이 상대방에게 집중되어 있지 않다면, 둘이 가까이 앉아서 저녁을 먹는 것도 전혀 함께하는 시간이 되지 못할 수 있다.

함께하는 대화는 건강한 관계를 위해 매우 중요하다. 여기에는 경험, 생각, 느낌, 바람 등을 우호적이고 방해받지 않는 상황에서 함께 나누는 일이 포함된다. 함께하는 활동 또한 함께하는 시간의 중요한 부분이다. 많은 커플이 물리적으로 함께하는 시간을 가지면서 그들이 좋아하는 활동을 할 때 가장 사랑받는다고 느낀다.

### 선물

눈에 보이는 사랑의 증표를 좋아하는 사람들이 있다. 이 사랑의 언어를 좋아할 경우, 사랑의 표시로 주는 선물을 소중히 여길 가능성이 크다. 이 사랑의 언어를 말하는 사람은 선물을 받지 못하면 사랑이 없는 것이라고 느낀다. 다행히 이 사랑의 언어는 배우기가 가장 쉽다.

선물을 매일 또는 매주 줄 필요는 없다. 비싼 것일 필요도 없다. 상대방이 선물이라는 언어에 반응할 경우, 사랑을 보여 주는 가시적인 증표는 어떤 것이든 상대방을 기쁘게 해주고 관계를 안전하게 해줄 수 있다.

봉사

때로 집 안에서 간단한 허드렛일을 해주는 것이 분명한 사랑의 표현일 수 있다. 세탁기를 돌리거나 쓰레기를 버려 주는 일과 같은 간단한 일도 어느 정도 계획과 시간, 노력, 에너지를 요구한다. 예수님이 제자들의 발을 씻어 주심으로 시범을 보이신 것처럼, 하찮은 허드렛일을 하는 것이 사랑과 헌신의 강력한 표현이 될 수 있는 것이다.

부부가 집에서 서로 돕고 있을 때도, 자신도 모르게 서로 다른 방법을 사용하기 때문에 전쟁을 벌일 수 있다. 그러므로 상대방의 언어를 배우고 어떤 봉사의 행위가 사랑의 표현이 되는지 이해하기 위해 열심히 노력하는 것이 중요하다.

스킨십

많은 커플이 스킨십을 받을 때 사랑받는다고 느낀다. 이 언어를 주로 구사하는 커플의 경우, 스킨십은 관계를 강화하기도 하고 파괴하기도 한다.

성관계는 결혼 생활에서 많은 부부에게 안전감과 사랑받는 느낌을 준다. 그러나 이것은 스킨십의 한 가지 형태에 불과할 뿐이다. 배우자가 스킨십이라는 언어를 어떻게 말하는지 배우는 것이 중요하다. 때로는 등을 어루만지거나 성관계를 하는 것과 같은 확연한 행위일 수도 있고, 볼이나 손, 어깨를 만져 주는 등 간단한 행위일 수도 있다. 상대방이 스킨십에 어떤 반응을 보이는지 배우는 것이 중요하다. 이렇게 하면 이 사랑의 언어를 가장 잘 배울 수 있다.

## 제1의 사랑의 언어 찾기

배우자의 정서적 사랑 탱크를 가득 채우기를 원한다면 반드시 그/그녀의 제1의 사랑의 언어를 알아야 한다. 그러기 전에 우선 자신의 사랑의 언어를 알아야 한다. 5가지 사랑의 언어를 듣고 배우자나 자신의 제1의 사랑의 언어를 즉시 아는 사람도 있지만 어떤 이에게는 이것이 쉽지 않을 것이다. 사랑의 언어를 발견하기 위해 몇 가지 방법을 사용할 수 있다.

### 핵심 질문을 한다

*나는 언제 배우자에게 가장 사랑받는다고 느끼는가?*

당신이 가장 원하는 것은 무엇인가? 대답이 금방 떠오르지 않는다면 사랑의 언어를 부정적으로 사용하는 경우를 떠올려 보면 도움이 될 것이다. 배우자가 어떤 말이나 행동을 할 때 가장 크게 상처받는가? 만일 비판이나 판단하는 말이 당신에게 몹시 상처가 된다면, 당신의 사랑의 언어는 인정하는 말일 것이다. 배우자가 당신의 제1의 사랑의 언어를 부정적으로 사용한다면, 즉 반대로 행동한다면 당신은 큰 상처를 받을 것이다. 왜냐하면 당신의 사랑의 언어를 무시할 뿐 아니라 그 언어를 사용하여 당신의 심장을 찌르는 일을 하기 때문이다.

*내가 배우자에게 가장 많이 요구하는 것이 무엇인가?*

당신이 가장 많이 요구했던 것이 당신의 제1의 사랑의 언어일 가능성이 크다. 그런 요구들은 배우자에게 잔소리로 들릴 것이다. 사실 그런 요구들은 배우자에게 정서적 사랑을 얻기 위한 노력이다.

*나는 배우자에게 어떻게 사랑을 표현하는가?*

배우자를 위해 당신이 하는 것이 바로 당신이 배우자에게서 원하는 것일 가능성이 크다. 배우자에게 늘 봉사를 한다면, 그것이 당신의 제1의 사랑의 언어일 수 있다(물론 반드시 그렇지는 않다). 인정하는 말이 당신에게 사랑을 불러

일으킨다면, 배우자에게 사랑을 표현할 때 그 언어를 사용할 가능성이 크다.
 그러나 이것은 당신의 사랑의 언어를 발견할 수 있는 힌트는 되지만 절대적 기준이 아님을 명심하라. 예를 들어, 아버지가 어머니에게 선물하는 것을 보며 자란 사람은 그의 아버지처럼 아내에게 좋은 선물을 주면서 사랑을 표현할 수는 있지만, 선물이 반드시 그의 제1의 사랑의 언어는 아니다. 그는 단지 아버지가 하던 것을 그대로 하는 것뿐이다.

**Q. 5가지 사랑의 언어와 세 가지 핵심 질문을 살핀 후 다음 질문에 답해 보라.**
 1. 나의 제1의 사랑의 언어는 무엇인가? _____
 2. 배우자의 제1의 사랑의 언어는 무엇인가? _____

## 사랑은 선택이다

 배우자가 우리의 제1의 사랑의 언어를 배워 말하면 사랑에 대한 욕구는 계속 충족될 것이다. 반대로 사랑의 언어를 말하지 않으면 사랑 탱크가 점차 고갈되어 더 이상 사랑받고 있다는 느낌이 들 수 없게 된다. 아내의 사랑 욕구를 충족시키는 것은 내가 매일 선택해야 하는 일이다. 내가 그녀의 제1의 사랑의 언어를 알아 그것을 사용하기로 선택하면, 그녀의 깊은 정서적 욕구가 충족되어 나의 사랑에 안정감을 느낄 것이다. 그녀도 나에게 똑같이 한다면 내 정서적 욕구도 충족되어 우리 둘은 사랑 탱크가 가득 찬 상태로 살 것이다.
 어쩌면 당신은 '배우자의 사랑의 언어가 내가 자연스럽게 사용할 수 없는 것이면 어떻게 하지?'라고 생각할 수 있을 것이다. 결혼 세미나를 하면서 종종 이런 질문을 받는데 나는 "그럼 어떡할 건데요?"라고 대답한다.
 내 아내의 사랑의 언어는 봉사다. 내가 사랑의 표시로 아내를 위해 정기적으로 하는 것은 거실을 청소하는 일이다. 청소하는 일이 내게 자연스러울 것

같은가? 나의 어머니는 나에게 청소를 시키곤 하셨다. 나는 집 안 청소를 끝내지 않으면 공놀이를 하러 나갈 수 없었다. 그때 나는 '집을 떠나기만 하면 절대 집 안 청소를 하지 않을 거야.'라고 다짐하곤 했다.

그러나 나는 지금 집 안 청소를 하고 있다. 내가 청소를 하는 이유는 단 하나, 바로 사랑 때문이다. 아무리 돈을 많이 주어도 나는 청소를 하지 않을 것이다. 하지만 사랑을 위해 한다. *자연스럽게 되지 않는 행동을 하는 것이 더 대단한 사랑의 표현이다.* 결국 자연스럽다거나 부자연스럽다는 것이 문제가 아니다. 우리는 지금 사랑에 대해 이야기하고 있다. 사랑이란 누군가를 위해 하는 것이지 나를 위해 하는 것이 아니다. 사랑은 선택이다.

결혼은 친밀함과 사랑의 욕구를 충족시키기 위한 것이다. 성경은 남편과 아내가 연합하여 "한 몸"을 이룬다고 말한다. 이것은 남편이나 아내가 자신의 정체성을 잃어버리는 것이 아니라 깊고 친밀하게 서로의 삶에 들어가는 것을 의미한다. 신약 성경에서는 남편과 아내가 서로 사랑해야 한다고 권고한다. 플라톤(Platon)을 비롯하여 모건 스콧 펙(Morgan Scott Peck, 미국의 정신과 의사이자 베스트셀러 작가였다 - 편집자 주)까지 저명한 저자들은 결혼 생활에서 사랑이 중요함을 강조하고 있다.

인간 본성에는 다른 사람으로부터 사랑받기를 갈망하는 부르짖음이 있다. 고립은 인간의 정신을 황폐하게 만든다. 그래서 홀로 가두어 두는 것은 가장 잔인한 형벌로 간주된다. 인간의 심연에는 누군가와 친밀해지고 사랑받고 싶어 하는 욕망이 있다.

Q. 하나님이 첫 사람 아담을 창조한 후에 친히 선언하신 말씀이 무엇인가?

"여호와 하나님이 이르시되 사람이 혼자 사는 것이 좋지 아니하니 내가 그를 위하여 돕는 배필을 지으리라 하시니라"(창 2:18).

_____

_____

Q. 다음 말씀을 읽고 우리 모두가 서로 사랑받고 친밀해지고 싶어 하는 이유가 무엇인지 설명해 보라.

"두 사람이 한 사람보다 나음은 그들이 수고함으로 좋은 상을 얻을 것임이라 혹시 그들이 넘어지면 하나가 그 동무를 붙들어 일으키려니와 홀로 있어 넘어지고 붙들어 일으킬 자가 없는 자에게는 화가 있으리라 또 두 사람이 함께 누우면 따뜻하거니와 한 사람이면 어찌 따뜻하랴 한 사람이면 패하겠거니와 두 사람이면 맞설 수 있나니 세 겹 줄은 쉽게 끊어지지 아니하느니라"(전 4:9-12).

_____
_____
_____


## 자녀의 사랑의 언어 찾기

당신이 부모라면 자녀의 사랑 탱크를 채워 줄 책임이 있다. 그러기 위해서는 자녀의 사랑의 언어를 이해하고 그 언어로 소통하는 것이 가장 좋은 방법이다. 개인의 사랑의 언어에 초점을 맞추고 있는 이 책에는 자녀의 사랑의 언어를 발견하고 그 언어를 말하는 데 도움이 되는 내용이 곳곳에 있다.

다음은 이 과정에 도움이 되는 몇 가지 방법이다.

- 자녀의 행동을 관찰한다.
- 자녀가 자주 요구하는 것을 잘 살펴본다.
- 자녀가 다른 아이들과 어떻게 노는지 관찰한다.

## ◎ 5가지 사랑의 언어 검사란?

　당신은 자신의 사랑의 언어를 이미 알고 있다고 생각할 수도 있고 전혀 모른다고 생각할 수도 있다. 이 검사는 당신의 사랑의 언어를 아는 데 도움이 된다.

　이 설문지를 사용하면 당신의 제1의 사랑의 언어를 확인할 수 있을 것이다. 만일 두 가지 사랑의 언어가 똑같다면, 즉 두 가지 언어가 똑같이 크게 와닿는다면 당신은 사랑의 언어를 이중으로 사용하는 사람일 것이다. 그렇다면 당신은 배우자를 좀 더 편하게 해줄 수 있다. 배우자가 사랑을 전달할 때 둘 중 하나만 선택해도 되기 때문이다.

　자기의 사랑의 언어를 잘 알 수 없는 두 종류의 사람이 있다. 첫째는 오랫동안 사랑 탱크가 가득 차 있는 사람이다. 배우자가 여러 가지 방법으로 사랑을 표현하기에 어떤 방법이 가장 좋은지 본인도 확실히 모를 수 있다. 단지 사랑받고 있다는 사실만 알 뿐이다. 둘째는 너무 오랫동안 사랑 탱크가 비어 있었기에 어떻게 해주어야 사랑을 느끼는지 기억나지 않는 경우다. 어느 경우든 사랑에 빠졌던 경험으로 돌아가 "그때 배우자의 어떤 면을 내가 좋아했지? 무엇 때문에 내가 그와 함께 있고 싶어 했지?"라는 질문을 자신에게 해 보라. 이러한 기억을 되살려 보면 당신의 사랑의 언어를 발견할 수 있는 아이디어가 떠오를 것이다. 다른 하나의 방법은 자신에게 "내가 생각하는 이상적인 배우자는 어떤 모습인가? 나에게 완벽한 짝이 있다면 어떤 사람일까?"라고 물어보는 것이다. 당신이 생각하는 완벽한 배우자상이 당신의 사랑의 언어를 발견하는 데 도움이 될 수 있다.

### ◎ 5가지 사랑의 언어 검사 활용법

　인정하는 말, 함께하는 시간, 선물, 봉사, 스킨십, 이 중 당신의 제1의 사랑의 언어는 무엇인가? 다음의 검사가 그것을 확실하게 아는 데 도움이 될 것이다. 검사 후에는 부부가 함께 서로의 사랑의 언어에 대해 이야기를 나누고 이 정보를 결혼 생활을 더 풍성하게 하는 자료로 활용할 수 있을 것이다.

　설문지는 총 30개의 문항으로 구성되어 있다. 각 쌍의 진술문 중에서 당신이 바라는 것을 잘 나타내는 것을 하나만 선택해야 한다. 두 문장을 읽은 후에 선택한 문장의 오른쪽에 있는 글자에 동그라미를 치라. 선택하기가 어려울 수도 있다. 그래도 정확한 결과를 얻기 위해서는 반드시 하나를 선택해야 한다. 선택을 마친 후에는 처음으로 돌아가서 A, B, C, D, E가 각각 몇 개씩인지 계산하여 설문 끝에 있는 결과란에 기록한다. 가장 높은 점수가 당신의 제1의 사랑의 언어다.

　마음이 편안하고 시간적으로도 여유가 있을 때 검사를 해야 한다. 배우자와 다툰 직후에 검사하면 안 된다. 충분히 안정된 상태에서, 더 나은 결혼 생활을 위해 배우자에 대해 배우고 싶은 진지한 생각이 있을 때 검사를 해야 한다.

◎ 5가지 사랑의 언어 검사

1. 나는 배우자가 사랑의 편지를 주면 마음이 흐뭇해진다.     A
   나는 배우자가 포옹해 주는 것이 좋다.     E

2. 나는 배우자와 단둘이 있는 것이 좋다.     B
   나는 배우자가 나의 일을 도와줄 때 사랑을 느낀다.     D

3. 나는 배우자가 특별한 선물을 줄 때 기분이 좋다.     C
   나는 배우자와 함께 여행하는 것이 좋다.     B

4. 나는 배우자가 빨래를 해줄 때 사랑을 느낀다.     D
   나는 배우자가 나에게 스킨십을 할 때 기분이 좋다.     E

5. 나는 배우자가 팔로 나를 안을 때 사랑을 느낀다.     E
   나는 배우자의 깜짝 선물을 통해 사랑을 확인한다.     C

6. 나는 배우자와 함께라면 어디를 가든 좋다.     B
   나는 배우자의 손을 잡는 것이 좋다.     E

7. 나는 배우자가 주는 선물을 소중히 여긴다.     C
   나는 배우자에게서 사랑한다는 말을 듣는 것이 좋다.     A

8. 나는 배우자가 내 가까이 앉는 것이 좋다.     E
   나는 배우자가 나를 멋있다고 하는 말이 기분 좋다.     A

9. 나는 배우자와 같이 있는 시간이 즐겁다.     B
   나는 작더라도 배우자가 주는 선물이 좋다.     C

10. 나는 배우자가 나를 자랑스럽게 여긴다고 할 때 사랑을 느낀다.     A
    나는 배우자가 나를 위해 음식을 준비해 줄 때 사랑을 느낀다.     D

11. 나는 배우자와 함께하는 일이면 뭐든지 좋다.     B
    나는 배우자가 나를 지지하는 말을 하면 기분이 좋다.     A

12. 나는 배우자가 작은 것이라도 말보다는 행동으로 해주는 것이 더 좋다.     D
    나는 배우자와 포옹하기를 좋아한다.     E

13. 배우자의 칭찬이 나에게는 아주 중요하다.     A
    배우자에게서 내가 좋아하는 선물을 받는 것이 아주 중요하다.     C

14. 나는 배우자 곁에 있는 것만으로 기분이 좋다.     B
    나는 배우자가 등을 긁어 주는 것이 좋다.     E

15. 내가 한 일을 배우자가 인정하면 힘이 난다.     A
    배우자 자신은 좋아하지 않는 일을 나를 위해 하는 것은 의미가 크다.     D

16. 나는 배우자의 키스가 싫은 적이 없다.     E
    내가 좋아하는 일에 배우자가 관심을 가지면 기분이 좋다     B

17. 배우자가 내가 하는 일을 돕는 것이 중요하다.     D
    배우자가 준 선물을 받아 볼 때 기분이 좋다.     C

18. 배우자가 나의 외모를 칭찬하면 기분이 좋다.     A
    배우자가 내 생각을 귀 기울여 듣고 비판하지 않는 것이 좋다.     B

19. 배우자가 가까이 있으면 꼭 만지고 싶다.     E
     가끔 배우자가 내 심부름을 해주는 것이 고맙다.     D

20. 배우자가 나를 도와주는 것은 모두 상을 받아야 마땅하다     D
     배우자가 얼마나 생각 깊은 선물을 하는지 가끔 놀란다.     C

21. 나는 배우자가 나에게 전적으로 집중해 주는 것이 고맙다.     B
     집 안 청소를 잘하는 것은 중요한 봉사 행위다.     D

22. 나는 배우자가 줄 생일 선물이 기대된다.     C
     내가 소중하다는 배우자의 말은 늘 들어도 지겹지 않다.     A

23. 배우자는 내게 선물로 자신의 사랑을 보여 준다.     C
     배우자는 집에서 나의 일을 도움으로 사랑을 표현한다.     D

24. 배우자는 내 말을 끊지 않는데, 나는 그것이 좋다.     B
     나는 배우자의 선물이 싫증 나지 않는다.     C

25. 내가 피곤한 것을 알고 도와주겠다고 하는 배우자가 고맙다.     D
     어디를 가든 배우자와 함께하면 나는 좋다.     B

26. 나는 배우자가 갑자기 키스해 주는 것을 좋아한다.     E
     나는 배우자의 깜짝 선물을 좋아한다.     C

27. 배우자의 격려하는 말을 들으면 힘이 난다.     A
     배우자와 함께 영화 보는 것이 나는 좋다.     B

28. 배우자가 주는 선물보다 더 좋은 선물은 없다.　　　　　　C
    배우자가 내게서 손을 떼지 않으면 기분이 좋다.　　　　　E

29. 배우자가 바쁜데도 나를 돕는 것이 내게는 큰 의미가 있다.　D
    배우자가 나에게 감사하다고 말하면 나는 기분이 아주 좋다.　A

30. 배우자와 잠시 떨어져 있다가 다시 만나 포옹/키스하는 것이 좋다.　E
    배우자가 나를 믿는다고 말하면 기분이 좋다.　　　　　　A

※ 선택한 A, B, C, D, E 각각의 개수를 기록하라.

　　A _____　인정하는 말
　　B _____　함께하는 시간
　　C _____　선물
　　D _____　봉사
　　E _____　스킨십

◎ **검사 결과 해석과 점수를 활용하는 법**

가장 높은 점수가 당신의 제1의 사랑의 언어다. 가장 높은 점수가 두 가지가 나왔다면 두 가지 사랑의 언어를 가진 사람이다. 두 번째 점수가 가장 높은 점수와 비슷하다면 두 가지가 모두 당신에게는 중요하다는 의미다. 어느 언어든 12점이 가장 높은 점수다.

한 가지 점수가 다른 것들보다 높다고 해서 나머지 언어들을 무시해서는 안 된다. 당신의 배우자가 그 나머지 언어 중 하나로 말할 수 있다. 그 경우 그 언어를 이해하는 것이 중요하다. 마찬가지로 배우자도 당신의 사랑의 언어를 알고 당신이 사랑이라고 여기는 언어로 사랑을 표현하는 것이 중요하다. 당신과 당신의 배우자가 다른 언어를 말할 때 서로 감정적 점수를 따는 것이다. 물론 이것은 점수 따기 게임이 아니다. 서로의 사랑의 언어를 말할 때 얻는 유익은 둘 사이의 유대감이 커진다는 것이다. 그러면 의사소통이 더 잘 이루어지고, 이해가 증진되며, 결국은 둘 사이의 사랑이 커질 것이다.

THE FIVE LOVE
LANGUAGES

# 2과
## 사랑의 언어 #1 인정하는 말

※참고 『5가지 사랑의 언어』
4. 사랑의 언어 #1 인정하는 말

"사랑은 당신이 원하는 것을 얻는 것이 아니라
사랑하는 사람의 행복을 위해 무언가를 하는 것이다."

### 준비 질문

다음 빈칸을 채워 보라.

인정하는 말은 상대방에게 그를 _____하는 말을 해주는 것을 의미한다.

**인정하는 말의 표현 방법**

1. _____
2. _____
3. _____
4. _____

부탁한다는 것은 배우자의 소중함과 능력을 _____하는 것이다.

**인정하는 말을 배우는 방법**

1. 배우자의 _____을 목록으로 작성한다.
2. 이들 각각을 _____로 표현하는 문장을 하나씩 쓴다.
3. 이 목록에서 하나를 선택하여 배우자를 _____로 칭찬한다.

**할 말을 찾는 방법**

1. 당신이 _____ 인정하는 말들을 쓴다.
2. 당신이 _____ 인정하는 말들을 쓴다.

정답 인정 | **인정하는 말의 표현 방법** 1. 세워 주는 말 2. 격려하는 말 3. 온유한 말 4. 겸손한 말 / 인정 | **인정하는 말을 배우는 방법** 1. 장점 2. 인정하는 말 3. 말 | **할 말을 찾는 방법** 1. 읽은 2. 들은

**심리학자**인 윌리엄 제임스는 인간의 가장 깊은 욕구는 인정받고 싶은 욕구라고 했다. 인정하는 말은 개인의 그러한 욕구를 충족시킨다. 인정하는 말이라는 사랑의 언어에는 여러 가지 표현 방법이 있다. 여기서는 몇 가지만 논의하지만 그보다 훨씬 많다. 이 표현 방법들의 공통점은 배우자를 인정하는 말을 사용한다는 것이다.

성경에는 인정하는 말이 제1의 사랑의 언어였던 인물이 많다. 일례로 다윗 왕은 시편에서 찬양하는 언어를 사용하여 하나님의 고귀하심을 인정하는 예배를 드렸다. 신약 성경에서 인정하는 말로 유명한 인물은 바나바다. 사실 그의 이름의 의미도 '격려하는 사람'이다. 사도행전에서 바나바가 나오는 장면을 보면 그가 말이나 행동으로 여러 사람의 소중함을 인정하는 것을 볼 수 있다(행 4:36-37; 9:26-30; 11:19-30; 12:25; 13:1-3; 15:1-41).

## 세워 주는 말

많은 부부가 말로 서로 칭찬하는 것의 위력을 알지 못한다. 사랑을 감정적으로 표현하는 하나의 방법은 세워 주는 말을 하는 것이다.

Q. **솔로몬이 말에 관해 쓴 다음 글을 읽고 이 성경의 원리를 사용하여 말이 끼치는 긍정적인 영향과 부정적인 영향이 무엇인지 대조해 보라.**

"죽고 사는 것이 혀의 힘에 달렸나니"(잠 18:21).

"칼로 찌름같이 함부로 말하는 자가 있거니와 지혜로운 자의 혀는 양약과 같으니라"(잠 12:18).

"근심이 사람의 마음에 있으면 그것으로 번뇌하게 되나 선한 말은 그것을 즐겁게 하느니라"(잠 12:25).

"온순한 혀는 곧 생명나무이지만 패역한 혀는 마음을 상하게 하느니라"(잠 15:4).

| 긍정적인 영향 | 부정적인 영향 |
| --- | --- |
| _____ | _____ |
| _____ | _____ |
| _____ | _____ |
| _____ | _____ |

　칭찬하는 말이나 감사의 표현은 사랑을 전달하는 강력한 도구다. 인정하는 말은 단순하면서도 솔직하게 다음과 같이 표현될 수 있다.

"그 옷 당신에게 썩 잘 어울리는군."
"와! 당신 그 옷을 입으니 정말 멋있어요."
"당신이 세상에서 이 요리를 가장 잘하는 사람일 거야. 나 이 요리 참 좋아해."
"오늘 저녁 설거지를 해준 것 정말 고마워요."
"아기 볼 사람을 찾아 줘서 고마워요. 나는 그런 일이 쉽지 않아요."
"쓰레기를 버려 줘서 고마워요."

Q. 남편과 아내가 이렇게 칭찬하는 말을 자주 주고받는다면 결혼 생활에 어떠한 감정의 변화가 일어날까?

_____
_____
_____
_____

　내가 원하는 것을 배우자가 하게 하려고 마음에도 없는 말이나 아첨하는 말을 하라는 것이 아니다. 사랑은 당신이 원하는 것을 얻는 것이 아니라 사랑하는 사람의 행복을 위해 무언가를 하는 것이다. 사실 우리는 칭찬을 들을 때 그 말에 보답하고 싶어 배우자가 원하는 것을 한다.

Q. **다음 말씀을 읽고 질문에 답해 보라.**

"사람은 입의 열매로 말미암아 복록에 족하며 그 손이 행하는 대로 자기가 받느니라"(잠 12:14).

1. "입의 열매"를 인정하는 말과 어떻게 비교할 수 있는지 설명해 보라.

_____
_____
_____
_____

2. 배우자를 향해 당신에게서 가장 자주 나타나는 "입의 열매"는 어떤지 하나를 선택하라.

달콤하다    영양가가 높다    시큼하다    쓰다    아무 맛이 없다

Q. **다음 말씀을 바탕으로 "입술의 열매"의 질을 개선하는 첫 단계를 설명해 보라.**

"그러므로 우리는 예수로 말미암아 항상 찬송의 제사를 하나님께 드리자 이는 그 이름을 증언하는 입술의 열매니라"(히 13:15).

_____
_____
_____

격려하는 말

인정하는 말의 또 다른 표현 방법으로는 격려하는 말이 있다. '격려하다'는 '용기를 북돋우다'라는 의미다. 우리는 모두 불안하게 느끼는 부분이 있다. 용기가 없으면 자기가 하고 싶은 일을 성취하기 힘들다. 배우자에게 불안 때문에 계발하지 못한 잠재력이 있다면 당신의 격려하는 말이 필요할 것이다.

Q. **다음 말씀을 읽고 질문에 답해 보라.**

"그러므로 피차 권면하고 서로 덕을 세우기를 너희가 하는 것같이 하라"(살전 5:11).

"서로 돌아보아 사랑과 선행을 격려하며 모이기를 폐하는 어떤 사람들의 습관과 같이 하지 말고 오직 권하여 그날이 가까움을 볼수록 더욱 그리하자"(히 10:24-25).

"오직 오늘이라 일컫는 동안에 매일 피차 권면하여 너희 중에 누구든지 죄의 유혹으로 완고하게 되지 않도록 하라"(히 3:13).

1. 위의 성경 구절에 의하면, 격려하는 말을 할 때 상대방에게 어떤 일이 일어나는가?

   _____
   _____
   _____
   _____

2. 격려하는 말을 얼마나 자주 해야 하는가?

   _____
   _____
   _____

당신의 배우자에게는 아직 계발되지 않고 잠자고 있는 잠재력이 있을 수 있다. 그 잠재력은 당신의 격려하는 말을 기다리고 있다. 당신의 말은 배우자에게 잠재력을 계발하기 위해 첫발을 내디디는 용기를 줄 수 있다.

배우자에게 당신이 원하는 것을 하도록 압력을 가하라는 말은 아니다. 배우자가 이미 가진 관심을 계발하도록 격려하라는 것이다. 예를 들면, 남편이 아내에게 체중을 줄이라고 압력을 가할 수 있다. 이 경우 남편은 "나는 아내를 격려했습니다."라고 말할지 모르지만, 아내에게는 비난으로 들릴 수 있다. 그러나 아내가 체중을 줄이고 싶어 한다면 남편의 말은 격려가 된다. 아내가 그 소원을 갖기 전까지 남편의 말은 잔소리로 들린다. 그런 말은 격려가 될 수 없으며 판단하고 죄책감을 주는 것으로 들린다. 사랑이 아니라 거부의 표현인 것이다.

하지만 아내가 "나 체중 줄이기 프로그램에 등록할까 생각 중이야."라고 했다면, 남편은 격려의 말을 할 기회를 얻은 것이다. 이런 식으로 격려하면 된다. "당신은 성공할 거야. 당신은 어떤 일을 하겠다고 결심하면 꼭 해내고 말잖아. 그것이 당신이 원하는 것이라면 난 최선을 다해 돕겠어." 이렇게 말하면 아내는 용기를 얻어 그 일을 시작하게 될 것이다.

*격려하기 위해서는 배우자를 공감하고 배우자의 관점에서 세상을 바라봐야 한다.* 먼저 배우자에게 무엇이 중요한지를 알아야 한다. 그때 비로소 용기를 북돋아 줄 수 있다. 말로 격려한다는 것은 "나도 알아. 당신에게 관심이 있어. 내가 당신과 함께 있잖아. 어떻게 도와줄까?"라는 마음을 전하는 것이다. 배우자의 인격과 능력을 신뢰함을 보여 주는 것이다.

물론 격려의 말을 하는 것이 당신에게 힘들 수도 있다. 그것이 당신의 제1의 사랑의 언어가 아닐 수도 있다. 이 언어를 배우는 데 많은 노력이 들 수도 있다. 특히 비판적 말투를 가진 사람이라면 정말 어려울 것이다. 그러나 나는 노력할 만한 가치가 있다고 확신한다.

Q. 배우자가 잠재력을 계발하려고 노력하고 있는가? 아니면 당신이 배우자에게서 발견한 잠재력이 있는가? 이에 대해 배우자에게 해줄 수 있는 격려하는 말을 써보라.

___
___
___
___

Q. 당신은 배우자에게서 어떤 격려의 말을 듣고 싶은가?

___
___
___
___

온유한 말

Q. 다음 말씀을 읽고 질문에 답해 보라.

"사랑은 오래 참고 사랑은 온유하며 시기하지 아니하며 사랑은 자랑하지 아니하며 교만하지 아니하며"(고전 13:4).

1. 사랑을 설명하기 위해 사도 바울이 처음 사용한 두 단어는 무엇인가?

　　사랑은 _____
　　사랑은 _____

2. 오래 참는 태도와 온유한 말은 어떤 관계가 있을까?

_____
_____
_____

사랑은 온유하다. 사랑을 말로 전달하기 위해서는 온유한 말을 써야 한다. 이것은 말하는 방법에 관한 것이다. 똑같은 문장이지만 말투에 따라 전혀 다른 두 가지 의미를 지닐 수 있다. 때로는 말로 표현된 것과 말투로 표현된 것이 전혀 다를 수 있다. 이 경우 우리의 배우자는 우리가 사용하는 말보다는 그 어투로 메시지를 해석한다.

우리의 말투는 굉장히 중요하다. 솔로몬은 "유순한 대답은 분노를 쉬게 한다"(잠 15:1)고 했다. 배우자가 몹시 화가 나서 말을 함부로 할 때라도 그를 사랑하기 원한다면 화를 부추길 것이 아니라 부드러운 말을 해야 할 것이다.

당신은 그의 표현이 감정 상태를 나타낸다는 것을 알아야 한다. 그의 입장이 되어 그의 관점에서 사건을 살펴본 다음 그가 왜 그렇게 이해하는지에 대한 당신의 생각을 부드럽고 친절하게 표현하라. 만일 배우자가 당신의 동기를 전혀 다르게 이해한다면 온유하게 그 동기를 설명하라. 당신이 원하는 것은 이해와 화해다.

이렇게 한다면 당신은 온유한 말이라는 방법으로 인정하는 말을 표현하는 것이다. 이것이 바로 성숙한 사랑이다. 발전하는 결혼 생활을 위해 우리가 추구하는 사랑이다.

Q. **다음 말씀을 읽고 질문에 답해 보라.**

"서로 친절하게 하며 불쌍히 여기며 서로 용서하기를 하나님이 그리스도 안에서 너희를 용서하심과 같이 하라"(엡 4:32).

"그러므로 너희는 하나님이 택하사 거룩하고 사랑받는 자처럼 긍휼과 자비와 겸손과 온유와 오래 참음을 옷 입고 누가 누구에게 불만이 있거든 서로 용납하여 피차 용서하되 주께서 너희를 용서하신 것같이 너희도 그리하고"(골 3:12-13).

1. 두 말씀에서 "친절", "자비"에 이어 해야 하는 행동은 무엇인가?

2. 배우자를 어떻게 용서해야 하는지 두 말씀에서 찾아 밑줄을 치라. 그것은 무엇을 의미한다고 생각하는가?

### 겸손한 말

사랑은 명령하지 않고 부탁한다. 결혼 생활에서 부부는 똑같은 위치에 있는 장성한 동반자다. 친밀한 관계를 발전시키려면 서로 바라는 것을 알아야 한다. 서로 사랑하고 싶으면 상대방의 필요가 무엇인지 알아야 한다.

그러나 바라는 것을 표현하는 방법이 매우 중요하다. 그것이 명령으로 제시되면 친밀할 가능성은 사라지고 상대방을 몰아가게 된다. 하지만 부탁하는 표현을 사용하면 최후통첩을 던지는 것이 아니라 방향을 제시하는 것이다. *부탁한다는 것은 배우자의 소중함과 능력을 인정하는 것이다.* 그것은 배우자가 당신에게 의미 있고 가치 있는 무엇인가를 할 수 있음을 나타내는 것이다.

그런데 명령한다면 배우자는 인정받는 것이 아니라 무시당한다고 느낄 것이다. 부탁은 선택할 여지를 준다. 사랑은 언제나 선택하는 것이기에 상대방은 요구에 응할 수도, 거부할 수도 있다. 그러기에 그것이 매우 의미가 있다. 나의 부탁을 들어줄 정도로 사랑한다는 것은, 나를 배려하고 존중하고 존경하여 기쁘게 할 일을 하려 한다는 것을 감정적으로 전해 준다. 명령으로는 사랑의 감정을 얻을 수 없다. 배우자가 명령에 응할 수도 있지만 그것이 곧 사랑의 표현은 아니다. 그것은 사랑이 아니라 공포나 죄책감 등의 감정에서 나온 행위다. 부탁은 사랑을 표현할 가능성을 만들어 내지만, 명령은 그 가능성을 없애 버린다.

Q. 좋은 매너가 담겼다고 여겨지는 말이나 표현을 써보라.

_____
_____
_____
_____
_____

Q. 위의 목록에 비추어 볼 때, 당신은 배우자에게 좋은 매너를 보이고 있는가?

☐ 항상 그렇다   ☐ 대체로 그렇다   ☐ 가끔 그렇다   ☐ 아니다

### 칭찬하는 행동

인정하는 말이 당신의 제1의 언어가 아니더라도 당신의 배우자의 제1의 사랑의 언어가 그것이라면 '인정하는 말'이라는 노트를 쓸 것을 제안한다. 사랑에 관한 기사나 책을 읽다가 인정하는 말들을 보면 기록하라. 사랑에 관한 강

의를 들을 때든지, 친구로부터 다른 사람에 대한 긍정적인 이야기를 들을 때도 그것을 기록하라. 시간이 흐르면 배우자에게 사랑을 표현할 때 사용할 수 있는 아주 좋은 말들을 가지게 될 것이다.

간접적으로, 즉 당사자가 없는 데서 인정하는 말을 하고 싶을 때도 있을 것이다. 그러면 결국 배우자는 그 이야기를 듣게 되고 당신의 사랑을 확신하게 된다. 장모님에게 아내가 얼마나 좋은 사람인지 이야기해 보라. 장모님은 확대하여 그 이야기를 아내에게 할 것이고 당신은 더 큰 신뢰를 얻게 될 것이다. 또 배우자가 있는 데서 다른 사람들에게 배우자를 칭찬하라. 당신이 많은 사람에게 칭찬을 받을 때는 그 영광을 배우자와 나누라. 인정하는 말을 글로 써보는 것도 좋다. 글은 두고두고 다시 읽게 되는 장점이 있다.

Q. 배우자의 장점을 5가지 이상 써보라.

_____
_____
_____
_____
_____

다음 단계는 배우자의 좋은 점을 말로 표현하는 것이다. 위에 쓴 장점 목록을 다시 살펴보라. 앞으로 몇 주간 서로를 더 관찰하여 그 목록에 첨가하라. 그리고 일주일에 두 번씩 상대방의 장점 하나를 선택하여 말로 칭찬하라. 상대방이 자기를 칭찬해 주면 그때 바로 그를 칭찬하지 말고 단지 그의 칭찬을 받아들이면서 "그렇게 칭찬해 주니 고마워요."라고 말하라.

Q. "경우에 합당한 말은 아로새긴 은 쟁반에 금 사과니라"(잠 25:11)라는 말씀을 생각하면서 다음의 사과 그림 속에 오늘 당신의 배우자에게 해줄 인정하는 말을 구체적으로 써보라.

Q. 이번 주 동안 매일 인정하는 말이라는 "금 사과"를 배우자에게 선물하라. 배우자에게 직접 말해도 좋고 다른 사람에게 말해도 좋다. 때로는 사랑의 편지나 카드, 쪽지를 써서 차에 붙여도 된다. 한 주 후에 그 결과를 기록하라.

- 배우자에게 해준 인정하는 말들
- 배우자에게서 들은 인정하는 말들
- 인정하는 말을 들었을 경우, 그때의 느낌
- 인정하는 말을 듣지 못했을 경우, 그때의 느낌
- 당신 자신이나 배우자, 혹은 결혼 생활에서 관찰된 변화

◎ 사랑 탱크 게임

일주일에 세 번씩 사랑 탱크를 점검하는 게임을 하라.

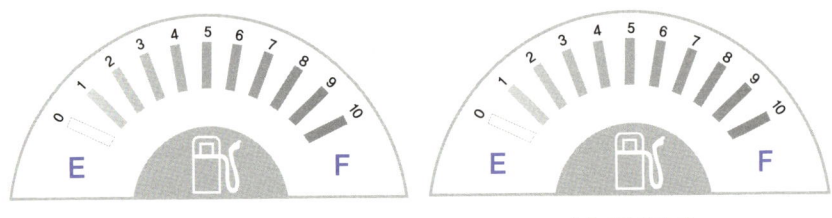

배우자의 사랑 탱크를 채우기 위해 내가 할 수 있는 일은 무엇인가?

_____

_____

- **다짐하기 : 나는 오늘 배우자의 사랑 탱크를 채우기 위해 최선을 다할 것이다.**

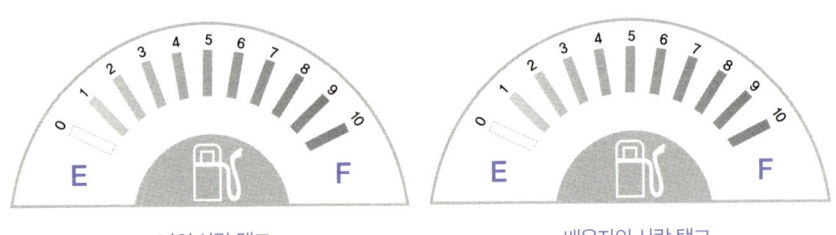

배우자의 사랑 탱크를 채우기 위해 내가 할 수 있는 일은 무엇인가?

_____

_____

- **다짐하기 : 나는 오늘 배우자의 사랑 탱크를 채우기 위해 최선을 다할 것이다.**

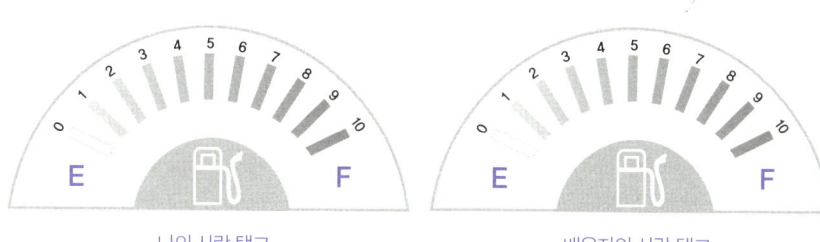

나의 사랑 탱크                          배우자의 사랑 탱크

배우자의 사랑 탱크를 채우기 위해 내가 할 수 있는 일은 무엇인가?

_____

_____

- 다짐하기 : 나는 오늘 배우자의 사랑 탱크를 채우기 위해 최선을 다할 것이다.

MEMO

# 3과
## 사랑의 언어 #2 함께하는 시간

※참고 『5가지 사랑의 언어』
5. 사랑의 언어 #2 함께하는 시간

"결혼 생활은 성취해야 하는 과제나
해결해야 하는 문제가 아니라 관계다."

**준비 질문**

다음 빈칸을 채워 보라.

함께하는 시간이란 상대방에게 온전히 _____을 집중하는 것을 의미한다.

**함께하는 시간의 표현 방법**

1. _____

   **진정한 대화를 하는 방법**

   1) 상대방에게 _____을 고정한다.
   2) 상대방의 말을 _____ 동안은 다른 일을 하지 않는다.
   3) 상대방의 _____를 주의 깊게 보도록 한다.
   4) 상대방의 이야기를 _____ 않는다.

   진정한 대화에는 _____이 포함된다.

   **대화에 임하는 두 가지 성격 유형**

   1) _____
   2) _____

2. _____

---

**정답 | 관심 | 함께하는 시간의 표현 방법** 1. 진정한 대화 / **진정한 대화를 하는 방법** 1) 시선 2) 듣는 3) 보디 랭귀지 4) 가로막지 / 자기표현 / **대화에 임하는 두 가지 성격 유형** 1) 사해형 2) 시냇물형 / 2. 함께하는 활동

'**함께하는 시간**'이란 상대방에게 온전히 관심을 집중하는 것을 의미한다. 그저 함께 소파에 앉아 텔레비전을 보는 것이 아니다. 텔레비전을 끄고 소파에서 마주 보고 대화하면서 서로에게 관심을 집중하는 것이다. 둘만이 오붓하게 대화하며 산책을 한다든지, 외식을 하는 것이다.

내가 아내와 함께 앉아 20분 동안 한눈팔지 말고 그녀에게 관심을 집중하고 아내도 나에게 그렇게 했다면, 우리는 우리 인생의 20분을 서로에게 바친 것이다. 그것은 사랑의 감정을 강력하게 전달하는 수단이다.

누군가에게 전적으로 관심을 집중하는 것에 대해 설명할 때 나는 이렇게 말한다. 신문을 읽으면서 아내와 대화하는 것이 아니라, 그녀의 눈을 바라보면서 모든 관심을 집중하거나, 그녀가 즐기는 것을 나도 온 마음을 다해 즐거워하는 것이라고 말이다.

Q. **다음 말씀을 읽고 질문에 답해 보라.**

"내가 내 사랑하는 자를 위하여 문을 열었으나 그는 벌써 물러갔네 그가 말할 때에 내 혼이 나갔구나 내가 그를 찾아도 못 만났고 불러도 응답이 없었노라……예루살렘 딸들아 너희에게 내가 부탁한다 너희가 내 사랑하는 자를 만나거든 내가 사랑하므로 병이 났다고 하려무나"(아 5:6, 8)

1. 이 여인의 제1의 사랑의 언어가 함께하는 시간임을 보여 주는 내용은 무엇인가?

   _____
   _____

2. 당신은 이 여인의 갈망과 상처에 공감할 수 있는가?

   ☐ 그렇다    ☐ 아니다

3. 그 이유는 무엇인가?

_____

_____

4. 당신의 배우자는 공감할 것 같은가?

☐ 그렇다   ☐ 아니다   ☐ 모르겠다   ☐ 아니기를 바란다

마리아와 마르다는 예수님을 따랐던 자매다. 그들이 예수님을 만난 사건(눅 10:38-42)은 그들의 사랑의 언어가 서로 달랐음을 보여 준다. 마리아는 예수님의 발치에 앉아 가르침을 듣기를 좋아했다. 마리아의 사랑의 언어는 함께하는 시간이었을지 모른다.

## 완전한 집중

함께하는 시간을 갖는 핵심은 완전히 집중하는 것이지 물리적으로 가까이 있는 것이 아니다. 두 사람이 한방에 앉아 있다면 물리적으로는 가까우나 반드시 함께하는 것은 아니다. *함께한다는 것은 완전한 관심이 수반되어야 한다.* 함께하는 시간이란 상대방에게 온 관심을 집중하면서 같이 무엇인가를 하는 것을 말한다. 활동은 함께한다는 느낌을 불러일으키는 도구에 불과하다. 공동의 목적을 위해 함께 시간을 보내는 것은 서로 배려하고, 서로 함께 있는 것을 즐기고, 함께 무엇인가를 하는 것을 좋아한다는 사실을 전달해 준다.

Q. **배우자와 함께할 수 있는 일을 몇 가지 써보라.**

_____

_____

## 진정한 대화

함께하는 시간의 여러 가지 표현 방법 중 가장 흔한 것이 진정한 대화다. *진정한 대화는 두 사람이 그들의 경험이나 생각, 감정, 바람을 우호적이고 방해받지 않는 분위기에서 주고받는 공감적 대화를 의미한다.* 배우자가 대화를 하지 않는다고 불평하는 사람들은 대부분 상대방이 공감적 대화를 하지 않는다고 말한다. 만일 배우자의 제1의 사랑의 언어가 함께하는 시간이라면, 그런 대화는 사랑받고 있음을 감정적으로 느끼게 하는 데 아주 중요하다.

인정하는 말은 말하는 것이 중요하지만 진정한 대화는 듣는 것이 중요하다. 내가 함께하는 시간으로 당신에게 사랑을 전하기 위해 함께 대화하는 시간을 보낸다면, 그것은 당신에게 관심을 집중하고 당신의 말을 공감하며 듣는 것을 의미한다. 당신의 생각이나 감정, 바람을 정말 이해하기 원하며 질문할 것이다.

**Q. 다음 말씀을 읽고 질문에 답해 보라.**

"사람의 마음에 있는 모략은 깊은 물 같으니라 그럴지라도 명철한 사람은 그것을 길어 내느니라"(잠 20:5).

최근에 깊은 대화를 나누었던 일을 생각해 보라. 상대방이 당신의 마음을 열기 위해 어떤 일을 했는가? 해당하는 것에 모두 표시하라.

- ☐ 깊은 대화를 나눈 적이 없다.
- ☐ 내가 나의 감정을 알도록 돕는 질문을 했다.
- ☐ 말을 별로 하지 않고 경청하기만 했다.
- ☐ 나에게 진정한 관심을 보여 주었다.
- ☐ 기타 _____

우리는 대부분 문제를 분석하고 해결하는 훈련을 받아 왔다. 우리는 결혼 생활이 성취해야 하는 과제나 해결해야 하는 문제가 아니라 관계라는 사실을 잊는다. 관계란 상대방의 생각이나 감정, 원하는 것을 이해하려는 입장에서 공감하며 듣는 것을 말한다. 우리는 대부분 듣는 훈련이 잘되어 있지 않다. 생각하는 것이나 말하는 것은 잘한다.

### 경청을 위한 몇 가지 요령

1. 상대방에게 시선을 고정한다.
2. 상대방의 말을 들으면서 동시에 다른 일을 하지 않는다. 전적으로 관심을 집중한다.
3. 상대방의 감정에 주의를 기울인다. "배우자는 지금 어떤 감정인가?"라는 질문을 자신에게 해본다. 그것을 알게 되면 확인해 본다. 예를 들면, "내가 _____을 잊어버렸기에 당신이 실망하는 것 같군." 하는 식으로 말할 수 있다.
4. 보디랭귀지를 주의 깊게 보도록 한다. 때때로 입으로 하는 말과 몸짓으로 표현하는 것(보디랭귀지)이 다를 수 있다.
5. 상대방의 이야기를 가로막지 않는다. 당신의 목적은 당신 자신을 방어하거나 상대방을 고치려는 것이 아니다. 바로 상대방을 이해하는 것이다.

### 말하는 법 배우기

진정한 대화는 공감을 가지고 듣는 것뿐 아니라 자기를 표현하는 것을 요구한다. 어떤 아내가 "내 남편은 말 좀 했으면 좋겠어요. 그가 도대체 무슨 생각을 하며 무엇을 느끼고 있는지 통 알 수가 없어요."라고 할 때, 그녀는 친밀한 관계를 호소하고 있는 것이다. 그녀는 남편과 가까워지기를 원하지만 자신이 알지도 못하는 사람과 어떻게 가까워지겠는가? 그러므로 남편이 마음을 보여 주어야 한다. 아내의 제1의 사랑의 언어가 함께하는 시간이고 진정한 대화라면, 남편이 자기 생각이나 감정을 말하기 전까지는 그녀의 사랑 탱크는 늘 비어 있을 것이다.

어떤 사람에게는 자기를 표현한다는 것이 쉽지 않다. 자기 생각이나 감정을 표현하도록 장려받지 못하고 오히려 야단을 맞으면서 자란 사람들도 많다. 성인이 될 때쯤이 되면 대부분 감정을 감추는 법을 배운다. 이제 자신의 감정적 자아를 노출하지 않는다.

진정한 대화라는 사랑의 언어를 배우는 것은 아마 외국어를 배우는 것과 같을 것이다. 여태까지 부인했다 하더라도 자신도 감정을 지닌 사람이라는 사실을 깨닫는 것이 자신의 감정과 접촉하는 첫 단계가 될 것이다.

Q. **다음 말씀을 읽고 질문에 답해 보라.**

"고린도인들이여 너희를 향하여 우리의 입이 열리고 우리의 마음이 넓어졌으니 너희가 우리 안에서 좁아진 것이 아니라 오직 너희 심정에서 좁아진 것이니라 내가 자녀에게 말하듯 하노니 보답하는 것으로 너희도 마음을 넓히라"(고후 6:11-13).

만일 배우자가 당신의 감정을 나누라고 요청한다면, 그/그녀가 진정으로 원하는 것은 무엇일까?

_____

_____

진정한 대화라는 사랑의 언어를 배우려면, 우선 당신의 감정을 살피는 일부터 시작하라. 하루에 세 번씩 자신에게 "지난 세 시간 동안 내가 무슨 감정을 느꼈는가?"라는 질문을 하라. 노트에 당신의 감정을 기록하되 그 감정을 일으킨 사건을 기억하기 위해 한두 마디를 기록하라. 하루에 세 번씩 이렇게 하면 자신의 감정을 잘 알게 될 것이다.

수첩을 이용하여 배우자에게 당신의 감정과 사건들을 간략하게 전하도록 하라. 몇 주 되지 않아 당신은 배우자에게 감정을 편안하게 전할 수 있게 될 것이다. 그리하여 당신은 배우자나 자녀들이나 가정에서 일어나는 일들에 대해서도 자연스럽게 자신의 감정을 표현할 수 있을 것이다. 감정 그 자체는 좋거나 나쁜 것이 아니다. 그것은 단지 우리 생활 속에서 일어나는 사건들에 대한 심리적 반응일 뿐이다.

삶의 순간마다 우리는 감정이나 생각, 바람을 갖게 되며 그것을 행동으로 옮긴다. 자기표현이란 그 과정을 표현한 것이다. 당신이 만일 진정한 대화라는 사랑의 언어를 배우려면 그 길을 따라가야 한다.

새로운 방식을 익히는 한 가지 방법은 그날 일어난 일 세 가지 정도를 이야기하고 느낀 점을 나누는 시간을 매일 갖는 것이다. 나는 그것을 행복한 결혼생활을 위한 '일일 권장량'이라고 부른다. 만일 '일일 권장량'을 시작한다면 몇 주 안에 아니면 몇 달 안에 부부간에 진정한 대화가 아주 원활하게 이루어지고 있음을 발견하게 될 것이다.

Q. **배우자에게 더 많이 말할 수 있는 방법을 한 가지 써보라.**

_____

Q. **배우자의 말을 더 잘 듣는 방법을 한 가지 써보라.**

_____


## 함께하는 활동

함께하는 시간이라는 사랑의 언어에는 '함께하는 활동'이라는 방법이 있다.

함께하는 활동에는 부부 중 한 사람 혹은 두 사람 다 관심 있는 것이 포함된다. 그 목적은 "그가 나를 배려한다. 그는 내가 좋아하는 것은 무엇이든 기꺼이 하고 적극적으로 한다."라는 감정을 느끼게 하기 위한 것이다.

함께 정원을 가꾼다든지, 골동품을 보러 다닌다든지, 음악을 듣는다든지, 함께 소풍을 한다든지, 오래 산책을 한다든지, 함께 차를 닦는 것 등은 모두 함께하는 활동에 포함될 수 있다. 이러한 활동은 흥미나 기꺼이 새로운 경험을 하려는 자세가 중요하다. 함께하는 활동의 필수 요소로는 첫째, 적어도 둘 중 하나는 그 활동을 원하며, 둘째, 상대방은 기꺼이 그것을 따라가고, 셋째, 둘 다 왜 그것을 하고 있는지 그 이유(함께함으로써 사랑을 표현하려는 것)를 알아야 한다.

해변을 따라 산책했던 이른 아침, 정원에서 함께 꽃을 가꿨던 봄날, 토끼를 쫓으려고 수풀 속에서 헤매다 풀독이 올랐던 일, 야구 경기를 관람했던 밤, 놀이공원, 음악회 등, 이 모든 것을 함께 회상할 수 있는 부부는 행복한 것이다. 이 모든 것이 사랑의 추억이다. 특히 제1의 사랑의 언어가 함께하는 시간인 사람들에게는 더욱 중요하다.

Q. **배우자와 함께하고 싶은 활동 5가지를 써보라.**

1. _____
2. _____
3. _____
4. _____
5. _____

Q. **당신이 적은 목록과 배우자가 적은 목록을 비교해 보라. 각자의 목록에서 3가지를 선택하여 앞으로 6개월 동안 한 달에 한 가지씩 하기로 약속하라. 그 6가지 활동을 진행할 순서대로 적어 보라.**

1. _____
2. _____
3. _____
4. _____
5. _____
6. _____

이러한 활동을 할 시간을 어떻게 낼 수 있는가? 우리는 시간을 만들 수 있다. 식사하는 것이 우리의 건강을 위해 꼭 필요하듯 결혼 생활을 위해 그것이 필요하기 때문이다. 그렇게 하는 것이 어려운가? 또한 신중한 계획이 필요한가? 그렇다. 그것은 개인의 어떤 활동을 포기해야 하는 것을 의미하는가? 그럴 수도 있다. 우리 자신이 별로 좋아하지 않는 것도 해야 하는 것을 의미하는가? 그렇다. 그만한 값어치가 있는가? 의심할 여지없이 그렇다. 나에게 유익이 되는 것은 무엇인가? 사랑받는다고 느끼는 배우자와 함께 사는 기쁨이며 배우자의 사랑의 언어를 유창하게 구사하는 것을 배웠다는 것이다.

Q. 당신과 배우자 둘 다 좋아하는 활동(또는 한 사람은 좋아하고 한 사람은 별로 개의치 않는 활동)을 생각해 보라. 각자 종이 한 장을 준비해 그 활동을 함께하자는 초청장을 만들라. 초청장을 만들 때는 다음 성경 구절을 참조하라.

"나의 사랑하는 자가 내게 말하여 이르기를 나의 사랑, 내 어여쁜 자야 일어나서 함께 가자 겨울도 지나고 비도 그쳤고 지면에는 꽃이 피고 새가 노래할 때가 이르렀는데 비둘기의 소리가 우리 땅에 들리는구나 무화과나무에는 푸른 열매가 익었고 포도나무는 꽃을 피워 향기를 토하는구나 나의 사랑, 나의 어여쁜 자야 일어나서 함께 가자"(아 2:10-13).

◎ 사랑 탱크 게임

일주일에 세 번씩 사랑 탱크를 점검하는 게임을 하라.

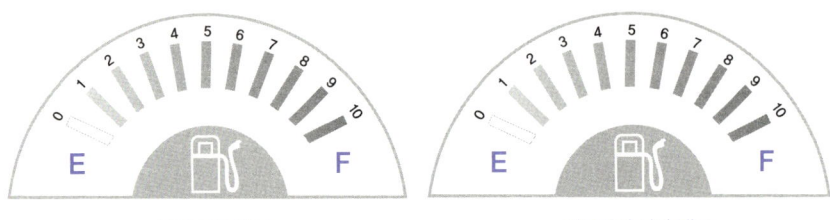

나의 사랑 탱크            배우자의 사랑 탱크

배우자의 사랑 탱크를 채우기 위해 내가 할 수 있는 일은 무엇인가?

_____

_____

■ 다짐하기 : 나는 오늘 배우자의 사랑 탱크를 채우기 위해 최선을 다할 것이다.

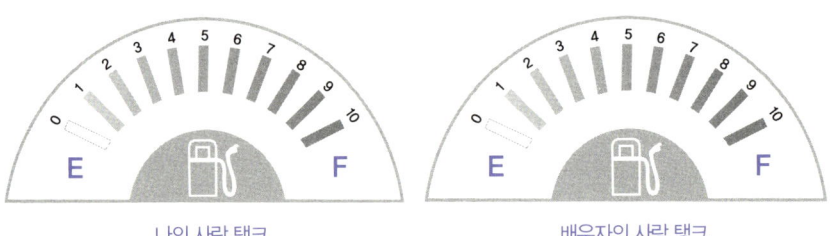

나의 사랑 탱크            배우자의 사랑 탱크

배우자의 사랑 탱크를 채우기 위해 내가 할 수 있는 일은 무엇인가?

_____

_____

■ 다짐하기 : 나는 오늘 배우자의 사랑 탱크를 채우기 위해 최선을 다할 것이다.

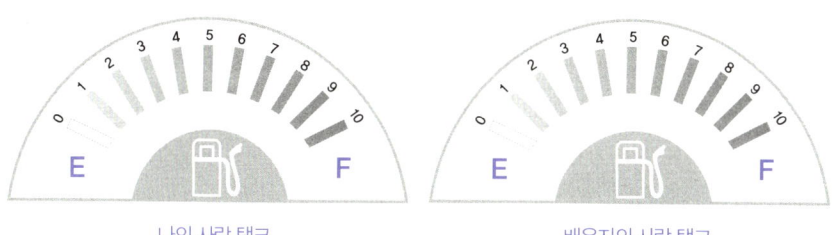

나의 사랑 탱크          배우자의 사랑 탱크

배우자의 사랑 탱크를 채우기 위해 내가 할 수 있는 일은 무엇인가?

---

---

- 다짐하기 : 나는 오늘 배우자의 사랑 탱크를 채우기 위해 최선을 다할 것이다.

MEMO

# 4과
## 사랑의 언어 #3 선물

※참고 『5가지 사랑의 언어』
6. 사랑의 언어 #3 선물

"선물은 눈으로 볼 수 있는 사랑의 상징이다."

### 준비 질문

다음 빈칸을 채워 보라.

선물은 눈으로 볼 수 있는 사랑의 _____ 이다.

선물이 제1의 사랑의 언어인 사람에게는 _____ 은 별로 문제 되지 않는다.

**선물 주는 것이 자연스럽지 않으면 어떻게 해야 하는가?**

1. 배우자가 그동안 선물을 받으면서 _____ 했던 품목들을 기록하라.
2. 배우자의 취향을 잘 아는 _____ 에게 도움을 구하라.
3. 주기 _____ 것을 선물하라.
4. 배우자가 갖기 원할 것 같은 _____ 들의 목록을 만들라.

자아의 선물 혹은 존재의 선물은 배우자가 당신을 _____ 로 할 때 함께 있는 것이다.

배우자가 함께 있는 것이 당신에게 중요하다면 그것을 배우자에게 _____ 로 표현하라.

정답 상징 / 가격 | 선물 주는 것이 자연스럽지 않으면 어떻게 해야 하는가? 1. 기뻐 2. 가족 3. 편한 4. 선물 / 필요 / 말

**나는** 인류학을 연구하면서 여러 문화의 사랑이나 결혼 관습을 연구했는데, 선물을 주고받는 것이 사랑과 결혼의 중요한 부분임을 발견했다.

선물이라는 것이 문화적 장벽을 초월해 사랑의 본질적 표현 수단이 될 수 있는가? 사랑이란 반드시 주는 것을 수반하는 것인가? 이러한 말들이 다소 학문적이거나 철학적 질문 같지만, 북아메리카에 사는 부부들에게는 상당히 실제적 의미를 지닌다.

선물이란 그것을 손에 쥐고 "자, 이것 좀 봐. 그가 나를 생각하고 있어." 아니면 "그녀가 나를 기억하고 있어." 하고 말할 수 있는 것이다. 선물 자체는 그 생각을 상징하는 것이다. 값이 얼마나 되느냐는 상관없다. 중요한 것은 상대방을 생각하고 있다는 것이다. 중요한 것은 마음속에 있는 생각이 아니라 사랑의 표현으로 선물을 준비하고 주는 과정으로 드러난 생각인 것이다.

선물은 눈으로 볼 수 있는 사랑의 상징이다. 선물은 크기나 색깔이나 형태가 다양하다. 어떤 것은 비싸지만 어떤 것은 값없이 거저 얻은 것일 수도 있다. 선물을 받는 것이 제1의 사랑의 언어인 사람에게는 가격은 별로 문제 되지 않는다. 선물은 사거나 찾거나 만들 수 있다. 남편이 길에서 들꽃 한 송이를 꺾어 아내에게 가져다준다면, 남편은 사랑을 표현하는 법을 알게 된 것이다. 그렇게 할 수 없는 사람이라면 5천 원 이하의 예쁜 카드를 살 수도 있을 것이다. 그것도 힘들다면 돈을 들이지 않고 하나 만들면 된다.

Q. 아래의 표에 선물로 줄 수 있는 것들을 추가해 보라. 그리고 배우자가 좋아할 것 같은 선물에 표시하라.

| 돈이 들지 않는 선물 | 비싸지 않은 선물 |
|---|---|
| 들꽃 | 초콜릿 |
| 손수 만든 카드 | 커피숍에서 파는 5천 원짜리 기프트 카드 |
| 시를 쓴다. | 직접 만든 쿠키 |

Q. 다음 말씀을 읽고 선물이 사랑의 귀중한 표현이 되게 하는 것이 무엇인지 써보라.

"할 마음만 있으면 있는 대로 받으실 터이요 없는 것은 받지 아니하시리라"(고후 8:12).

"나는 선물에 익숙한 사람이 아니야. 자라면서 선물을 많이 받지 못했거든. 선물 고르는 법도 잘 모르고. 선물 주는 것이 자연스럽지 않은 것 같아."라고 말하는 사람도 있다. 축하할 일이다. 당신은 이제 훌륭한 배우자가 되는 길을 처음 발견한 것이다. 당신과 배우자는 서로 다른 사랑의 언어를 구사한다. 이제 그것을 발견했으니 제2의 사랑의 언어를 배우기 시작하라. 배우자의 제1의 사랑의 언어가 선물을 받는 것이라면 당신은 선물을 능숙하게 줄 수 있는 사람이 되어야 한다. *사실 이것은 가장 배우기 쉬운 사랑의 언어 중 하나다.*

당신의 배우자가 그동안 선물을 받으면서 몹시 기뻐했던 품목들을 기록하라. 당신이 준 것이거나 아니면 다른 가족이나 친구들이 준 것도 무방하다. 이 목록을 보면 당신의 배우자가 좋아하는 선물이 어떤 것인지 알 수 있을 것이다. 당신이 선물을 고르는 데 자신이 없으면 배우자의 취향을 잘 아는 가족의 도움을 받을 수도 있다. 이제 당신이 샀거나 혹은 만들거나 찾아낸 선물을 배우자에게 주라. 특별한 날까지 기다릴 필요는 없다. 배우자의 제1의 사랑의 언어가 선물을 받는 것이라면, 어떤 것을 주든 그것이 사랑의 표현으로 받아들여질 것이다.

Q. 다음 말씀을 읽고 당신이 어떤 종류의 선물을 주는 사람인지 나타내는 곳에 동그라미를 치라. 그리고 당신이 선물이라는 사랑의 언어를 배워 사용했을 때 어떤 축복의 약속이 주어지는지 밑줄을 치라.

"흩어 구제하여도 더욱 부하게 되는 일이 있나니 과도히 아껴도 가난하게 될 뿐이니라 구제를 좋아하는 자는 풍족하여질 것이요 남을 윤택하게 하는 자는 자기도 윤택하여지리라"(잠 11:24-25).

### 최고의 투자

선물을 잘 주는 사람이 되려면 돈에 대한 태도를 바꿔야 한다. 돈의 목적에 대해 각기 다른 견해를 갖고 있기에 돈을 쓰는 데도 다양한 감정을 가질 수 있다. 어떤 사람은 쓰는 것에 익숙하다. 돈을 쓰면서 마음이 편하다. 하지만 어떤 사람은 돈을 절약해 저축하는 데 주력한다. 돈을 절약해 현명하게 투자할 때 기뻐한다.

돈을 쓰는 데 익숙한 사람이라면 배우자에게 선물을 하는 데 별 어려움이 없을 것이다. 당신이 절약형이라면 돈을 써서 사랑을 표현한다는 사실에 감정적으로 큰 저항을 느낄 것이다. 하지만 당신도 자신을 위해 무엇인가를 사고 있는 것이다. 돈을 절약하고 저축하는 것은 바로 당신의 자아의 가치와 감정의 안정감을 사는 것과 같다. 돈을 다루는 방법으로 당신은 당신의 감정적 욕구를 다스리는 것이다.

그러나 당신이 지금 취하는 행동은 배우자의 감정적 욕구를 충족시키지 못한다. *배우자의 제1의 사랑의 언어가 선물을 받는 것임을 알았다면 당신은 배우자를 위해 선물을 사는 것이 가장 좋은 투자라는 사실을 이해해야 한다.* 당신이 배우자에게 투자해 배우자의 사랑 탱크를 채우고 있다. 그 탱크가 꽉 차면 배우자는 당신이 이해하는 사랑의 언어로 보답할 것이다. 부부의 감정적 욕구가 충족될 때 그 결혼 생활은 전혀 새로운 국면으로 접어들 것이다.

Q. 테리는 절약형 사람으로 선물을 위해 돈을 쓰는 것을 싫어한다. 스테이시는 돈은 별로 없지만 희생해서라도 사랑하는 사람들을 위해 선물을 산다. 다음 말씀에 나오는 원리를 사용하여 테리와 스테이시를 비교해 보라.

"이것이 곧 적게 심는 자는 적게 거두고 많이 심는 자는 많이 거둔다 하는 말이로다 각각 그 마음에 정한 대로 할 것이요 인색함으로나 억지로 하지 말지니 하나님은 즐겨 내는 자를 사랑하시느니라 하나님이 능히 모든 은혜를 너희에게 넘치게 하시나니 이는 너희로 모든 일에 항상 모든 것이 넉넉하여 모든 착한 일을 넘치게 하게 하려 하심이라 기록된바 그가 흩어 가난한 자들에게 주었으니 그의 의가 영원토록 있느니라 함과 같으니라 심는 자에게 씨와 먹을 양식을 주시는 이가 너희 심을 것을 주사 풍성하게 하시고 너희 의의 열매를 더하게 하시리니 너희가 모든 일에 넉넉하여 너그럽게 연보를 함은 그들이 우리로 말미암아 하나님께 감사하게 하는 것이라 이 봉사의 직무가 성도들의 부족한 것을 보충할 뿐 아니라 사람들이 하나님께 드리는 많은 감사로 말미암아 넘쳤느니라 이 직무로 증거를 삼아 너희가 그리스도의 복음을 진실히 믿고 복종하는 것과 그들과 모든 사람을 섬기는 너희의 후한 연보로 말미암아 하나님께 영광을 돌리고 또 그들이 너희를 위하여 간구하며 하나님이 너희에게 주신 지극한 은혜로 말미암아 너희를 사모하느니라"(고후 9:6–14).

|  | 테리 | 스테이시 |
|---|---|---|
| 1. 어떻게 주는가? | _____ | _____ |
| 2. 어떻게 받는가? | _____ | _____ |
| 3. 줄 때의 태도는 어떤가? | _____ | _____ |
| 4. 누가 더 유익을 얻는가? | _____ | _____ |

## 자신이 선물이 됨

손에 쥘 수 있는 선물보다 더 큰 기쁨을 줄 수 있는, 눈에 보이지 않는 선물이 있다. 나는 그것을 자아의 선물 혹은 존재의 선물이라 부른다. 배우자가 당신을 필요로 할 때 함께 있는 것이, 제1의 사랑의 언어가 선물인 사람에게는 큰 소리로 사랑의 언어를 구사하는 것일 수 있다. *배우자의 제1의 사랑의 언어가 선물을 받는 것이라면, 위기의 순간에 그와 함께하는 것은 바로 당신이 줄 수 있는 가장 훌륭한 선물이 된다.* 당신의 몸이 당신의 사랑을 표현하는 상징이 된다. 그 상징을 제거해 버리면 사랑의 감정은 사라져 버린다.

**Q. 다음 말씀을 읽고 질문에 답해 보라.**

"선물한다고 거짓 자랑하는 자는 비 없는 구름과 바람 같으니라"(잠 25:14).

1. 이 말씀은 당신에 대해 어떤 것을 이야기하고 있는가?

   _____
   _____
   _____

2. 실제로는 배우자와 함께 있어 주지 않으면서 충분히 그렇게 하고 있다고 주장한 적은 없는가?

   ☐ 그런 적 있다    ☐ 그런 적 없다    ☐ 모르겠다

3. 이에 대해 하나님이 당신에게 요구하시는 반응은 어떤 것인가?

   _____
   _____
   _____

배우자가 함께 있는 것이 당신에게 중요하다면 그것을 배우자에게 말로 표현하라. 마음을 읽고 알아서 해주리라 기대하지 말라. 배우자가 "당신이 나와 함께 거기에 있으면 좋겠어요."라고 말할 때 그 요구를 진지하게 받아들이라. 당신이 생각하기에 그것이 별 대수롭지 않을 수도 있다. 그래서 그 요구에 반응하지 않는다면 당신은 결국 당신의 의도와 전혀 다른 메시지를 전달하게 된다.

Q. 배우자가 당신과 함께 있어 주길 바라는 일이나 특정한 날, 행사 등이 있는가? 또는 당신이 배우자에게 함께 있어 주는 선물을 하고 싶은 일이 있는가? 이 두 경우에 배우자에게 어떻게 말할 수 있을지 아래 문장을 완성해 보라. 그리고 이 내용을 배우자와 나누라.

나는 _____에 당신이 나와 함께 있어 주면 정말 좋겠어요.
나는 _____에 당신과 함께 있어 주려고 해요.

사랑이라는 주제에 대해 말하고 있는 모든 것은, 사랑의 중심에는 주는 정신이 있다고 한다.

Q. **다음 말씀의 논리를 활용하여 아래 나온 문장을 완성해 보라.**

"주라 그리하면 너희에게 줄 것이니 곧 후히 되어 누르고 흔들어 넘치도록 하여 너희에게 안겨 주리라 너희가 헤아리는 그 헤아림으로 너희도 헤아림을 도로 받을 것이니라"(눅 6:38).

만일 내가 사랑을 주면, _____
_____
_____

만일 내가 사랑하는 일에 인색하면, _____
_____
_____

만일 내가 사랑하는 일에 너그러우면, _____
_____
_____

## 주는 정신

5가지 사랑의 언어는 모두 배우자에게 주라고 하지만, 어떤 사람에게는 눈에 보이는 사랑인 선물을 받는 것이 가장 크게 들릴 수도 있다. 선물은 반드시 비싸야 하는 것도 아니며, 매주 한 번씩 줘야 하는 것도 아니다. 그 가치가 금전적 값어치를 수반해야 하는 것도 아니며, 사랑이 깃든 것이면 무엇이든 된다.

Q. 다음 말씀을 읽고 이 구절을 배우자에게 주는 사랑을 하는 법을 배우도록 간구하는 기도문으로 다시 써보라. 만일 당신이 선물이라는 사랑의 언어를 잘 구사하는데 배우자도 선물을 통해 사랑을 표현하기 바란다면, 이 말씀을 사용하여 기도하도록 하라.

"여러분이 믿음과 말과 지식과 열심과 우리를 사랑하는 이 모든 일에 풍성한 것처럼 헌금하는 이 은혜로운 일에도 그렇게 해 주십시오"(고후 8:7, 현대인의성경).

_____
_____
_____

_____
_____
_____

이번 한 주 동안 배우자에게 세 번 이상 선물을 주라. 그중 하나는 돈이 전혀 들지 않는 것이어야 한다.

◎ 사랑 탱크 게임

일주일에 세 번씩 사랑 탱크를 점검하는 게임을 하라.

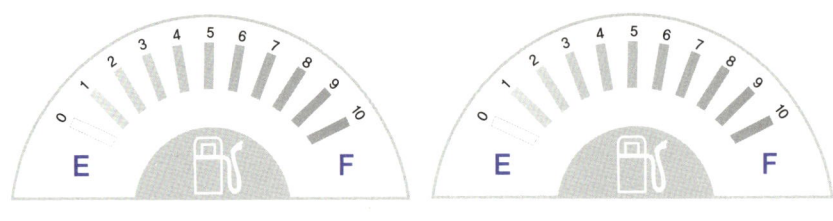

배우자의 사랑 탱크를 채우기 위해 내가 할 수 있는 일은 무엇인가?

_____

_____

■ 다짐하기 : 나는 오늘 배우자의 사랑 탱크를 채우기 위해 최선을 다할 것이다.

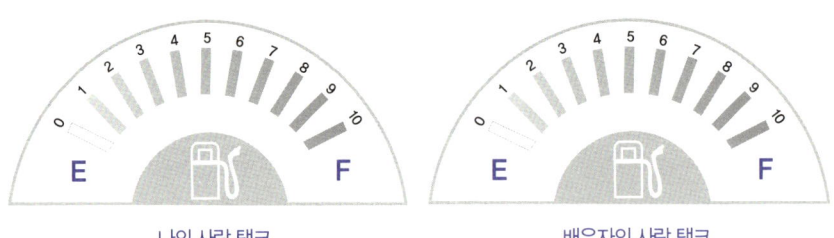

배우자의 사랑 탱크를 채우기 위해 내가 할 수 있는 일은 무엇인가?

_____

_____

■ 다짐하기 : 나는 오늘 배우자의 사랑 탱크를 채우기 위해 최선을 다할 것이다.

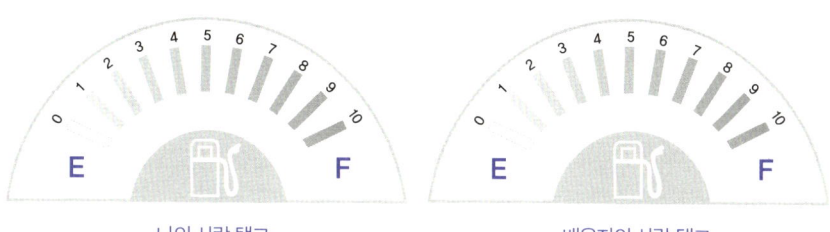

나의 사랑 탱크                배우자의 사랑 탱크

배우자의 사랑 탱크를 채우기 위해 내가 할 수 있는 일은 무엇인가?

_____

_____

- 다짐하기 : 나는 오늘 배우자의 사랑 탱크를 채우기 위해 최선을 다할 것이다.

MEMO

# 5과
## 사랑의 언어 #4 봉사

※참고 『5가지 사랑의 언어』
7. 사랑의 언어 #4 봉사

"사랑은 언제나 자유롭게 주는 것이다.
사랑은 요구할 수 있는 것이 아니다."

### 준비 질문

다음 빈칸을 채워 보라.

봉사라는 사랑의 _____가 말보다 더 큰 사랑의 표현이 될 수 있다.

사랑은 자유롭게 주는 것이다. 사랑은 _____할 수 있는 것이 아니다.

배우자가 당신을 위해 해주었으면 하는 일들을 _____으로 작성하라.

그 항목들을 당신에게 _____ 순서대로 번호를 매기라.

배우자의 _____을 경청하면 사랑을 표현하는 방법을 알 수 있게 된다.

사랑의 핵심은 _____하는 태도다.

정답  행위 / 요구 / 목록 / 중요한 / 요청 / 부탁

**때로는** 간단한 집안일을 해주는 것이 결정적인 사랑의 표현이 된다. 귀찮은 허드렛일을 해주는 것이 배우자에 대한 헌신을 보여 주는 강력한 표현이 될 수 있는 것이다. 우리는 이 사랑의 언어를 '봉사'라고 부른다. 요리를 하고, 식탁을 정리하고, 설거지를 하고, 청소기를 돌리고, 변기를 닦고, 세면대에서 머리카락을 끄집어내고, 자동차 유리창에 붙은 오물을 닦아 내고, 쓰레기를 버리고, 기저귀를 갈아 주고, 침실에 페인트칠을 하고, 책장의 먼지를 털어 내고, 강아지를 산책시키는 것 등이 봉사라는 사랑의 행위들이 된다. 이러한 일들은 생각하고, 계획을 세우고, 시간을 내는 노력과 정력을 요구한다. 자발적으로 이러한 일을 하면 정말 놀라운 사랑의 표현이 될 수 있다.

마르다와 마리아는 서로 다른 사랑의 언어를 구사하는 자매였다고 앞서 말한 바 있다. 마르다의 사랑의 언어는 봉사였던 것 같다.

**Q. 다음 말씀을 읽고 마르다의 사랑의 언어가 왜 봉사였을 것 같은지 설명해 보라.**

"그들이 길 갈 때에 예수께서 한 마을에 들어가시매 마르다라 이름하는 한 여자가 자기 집으로 영접하더라 그에게 마리아라 하는 동생이 있어 주의 발치에 앉아 그의 말씀을 듣더니 마르다는 준비하는 일이 많아 마음이 분주한지라 예수께 나아가 이르되 주여 내 동생이 나 혼자 일하게 두는 것을 생각하지 아니하시나이까 그를 명하사 나를 도와주라 하소서 주께서 대답하여 이르시되 마르다야 마르다야 네가 많은 일로 염려하고 근심하나 몇 가지만 하든지 혹은 한 가지만이라도 족하니라 마리아는 이 좋은 편을 택하였으니 빼앗기지 아니하리라 하시니라"(눅 10:38-42).

Q. 다음 말씀을 읽고 예수님이 세상에 오신 이유에 밑줄을 치라.

"너희 중에는 그렇지 않을지니 너희 중에 누구든지 크고자 하는 자는 너희를 섬기는 자가 되고 너희 중에 누구든지 으뜸이 되고자 하는 자는 모든 사람의 종이 되어야 하리라 인자가 온 것은 섬김을 받으려 함이 아니라 도리어 섬기려 하고 자기 목숨을 많은 사람의 대속물로 주려 함이니라"(막 10:43-45).

예수님은 봉사의 행위를 통해 사랑을 표현하는 단순하면서도 심오한 예를 보여 주셨다. 샌들을 신고 먼지가 나는 길을 다녔던 그 시대에는 집에 손님이 오면 그 집의 종이 손님의 발을 씻겨 주는 것이 관습이었다. 예수님은 제자들에게 서로 사랑하라고 가르치신 후에 그 사랑을 표현하는 방법을 예로 들어 보이셨다.

Q. 다음 말씀을 읽고 질문에 답해 보라.

"유월절 전에 예수께서 자기가 세상을 떠나 아버지께로 돌아가실 때가 이른 줄 아시고 세상에 있는 자기 사람들을 사랑하시되 끝까지 사랑하시니라 마귀가 벌써 시몬의 아들 가룟 유다의 마음에 예수를 팔려는 생각을 넣었더라 저녁 먹는 중 예수는 아버지께서 모든 것을 자기 손에 맡기신 것과 또 자기가 하나님께로부터 오셨다가 하나님께로 돌아가실 것을 아시고 저녁 잡수시던 자리에서 일어나 겉옷을 벗고 수건을 가져다가 허리에 두르시고 이에 대야에 물을 떠서 제자들의 발을 씻으시고 그 두르신 수건으로 닦기를 시작하여"(요 13:1-5).

"그들의 발을 씻으신 후에 옷을 입으시고 다시 앉아 그들에게 이르시되 내가 너희에게 행한 것을 너희가 아느냐 너희가 나를 선생이라 또는 주라 하니 너희 말이 옳도다 내가 그러하다 내가 주와 또는 선생이 되어 너희 발을 씻었으니 너희도 서로 발을 씻어 주는 것이 옳으니라 내가 너희에게 행한 것같이 너희도 행하게 하려 하여 본을 보였노라"(요 13:12-15).

1. 예수님이 실천하신 봉사의 행위를 찾아보라.

   _____
   _____

2. 예수님은 이 봉사의 행위를 통해 제자들에게 무엇을 보여 주려고 하셨는가?

   _____
   _____

3. 예수님은 제자들이 이 봉사의 행위를 통해 무엇을 배우기 원하셨는가?

   _____
   _____

　대부분의 사회에서는 큰 자가 작은 자를 지배하지만, 예수 그리스도는 진정으로 큰 자는 다른 사람을 섬긴다고 말씀하셨다.

　억지로 하라면 좋아할 사람은 아무도 없다. 사랑은 언제나 자유롭게 주는 것이다. 사랑은 요구할 수 있는 것이 아니다. *부탁은 사랑의 방법을 안내해 주지만 명령은 사랑의 흐름을 막아 버린다.*

Q. **다시 요한복음 13장 3-5절을 읽고 답해 보라.**

"저녁 먹는 중 예수는 아버지께서 모든 것을 자기 손에 맡기신 것과 또 자기가 하나님께로부터 오셨다가 하나님께로 돌아가실 것을 아시고 저녁 잡수시던 자리에서 일어나 겉옷을 벗고 수건을 가져다가 허리에 두르시고 이에 대야에 물을 떠서 제자들의 발을 씻으시고 그 두르신 수건으로 닦기를 시작하여."

1. 예수님은 왜 종의 수건을 허리에 두르고 무릎을 꿇은 채 제자들의 더러운 발을 씻기셨을까? 다음 중 당신이 생각하는 답에 밑줄을 치라.

   그러지 않으면 안 되셨기 때문에
   스스로 선택하셨기 때문에
   누군가가 그래야 한다고 했기 때문에

2. 예수님이 이 봉사의 행위를 하신 이유가 왜 중요할까?

   _____
   _____

배우자에게 요청할 일들을 목록으로 작성하라. 당신이 퇴근하여 집에 왔을 때 배우자의 사랑을 느낄 수 있는 일들이 무엇인지 서너 가지 열거해 보라. 당신에게 정말 도움이 된다고 생각하는 일, 사랑받는다는 확신이 들게 하는 일들을 적으면 된다. 배우자가 당신을 위해 이 일들을 하기로 선택한다면 그 것은 사랑의 행위다. 당신은 이 행위들을 진정한 사랑의 표현으로 받아들일 것이다.

Q. 배우자가 어떻게 할 때 사랑을 느낄 수 있는가? 배우자가 당신을 위해 할 수 있는 봉사의 행위로 무엇이 있을지 적어 보라.

_____
_____
_____
_____
_____

Q. 당신이 작성한 목록과 배우자가 작성한 목록을 비교해 보고 서로 타당한 요청을 하고 있는지 확인하라.

 

Q. 배우자를 섬기는 일에 대해 어떻게 생각하는가? 당신의 생각을 솔직하게 선택하라.

- ☐ 나는 섬기는 일이 싫다.
- ☐ 배우자에게 인정받고 안 받고는 신경 쓰지 않는다.
- ☐ 나는 꼭 해야 할 일만 한다.
- ☐ 이것은 나의 사랑을 보여 주는 방법이다.

Q. 다음 말씀을 읽고 질문에 답해 보라.

"무슨 일을 하든지 마음을 다하여 주께 하듯 하고 사람에게 하듯 하지 말라 이는 기업의 상을 주께 받을 줄 아나니 너희는 주 그리스도를 섬기느니라"(골 3:23-24).

봉사가 당신의 제1의 사랑의 언어이든 아니든 상관없이, 이 말씀을 바탕으로 배우자를 향한 당신의 봉사를 어떻게 개선할 수 있을지 생각해 보라.

서로 다른 표현 방법을 사용하는 것이 봉사의 행위에 문제가 될 수 있다. 서로에게 무엇인가를 해주었지만 그것이 상대에게 중요한 것이 아니면 더욱 그렇다. 그러므로 앞의 활동에서 배우자가 작성한 목록을 아는 것이 중요하다. 구체적인 방법을 배우는 것은 상대적으로 쉬울 수 있다. 서로에게 맞는 언어를 구사할 때 사랑 탱크가 채워지기 시작한다.

사랑은 선택이지 강요하는 것이 아니다. 비판과 명령은 더 멀어지게 하는 경향이 있다. 우리는 매일 배우자를 사랑할 것인지 아니면 사랑하지 않을 것인지 선택해야 한다. 사랑하기로 선택한다면 배우자가 요청하는 것을 함으로써 효과적으로 사랑을 전달할 수 있다.

Q. **다음은 사도 바울이 그의 친구 빌레몬에게 보낸 편지의 내용이다. 말씀을 읽고 질문에 답해 보라.**

"그러므로 내가 그리스도 안에서 그대가 해야 할 일을 담대하게 명령할 수도 있습니다. 그러나 사랑하는 마음으로 그대에게 부탁하려고 합니다. 이제 나이 많아 그리스도 예수님을 위해 죄수가 된 나 바울은 갇힌 중에 얻은 믿음의 아들 오네시모를 위해 그대에게 부탁합니다.……그러나 나는 그대의 승낙 없이는 아무것도 하고 싶지 않습니다. 이것은 그대의 선한 일이 억지가 아니라 자발적인 것이 되도록 하기 위한 것입니다"(몬 8-10, 14, 현대인의성경).

1. 바울에게 어떤 권한이 있는지 찾아서 동그라미를 치라.

2. 바울은 그 권한을 행사하는 대신 다른 행동을 선택했다. 그것이 무엇인지 찾아서 밑줄을 치고 바울이 왜 그렇게 했는지 이유를 설명해 보라.

_____

_____

3. 바울이 보여 준 예에서 어떤 원리를 당신의 결혼 생활에 적용할 수 있겠는가?

_____
_____
_____

4. 당신은 배우자에게서 어떤 비판을 가장 자주 듣는가?

_____
_____
_____

5. 그런 비판이 배우자의 제1의 사랑의 언어에 대해 알려 주는 단서는 무엇인가?

_____
_____
_____

6. 그런 비판에 대해 당신은 어떤 반응을 보이는가?

☐ 나도 비판한다.
☐ 다른 곳에서 사랑과 인정을 찾는다.
☐ 무시한다.
☐ 사랑에 대한 상대방의 간청에 어떻게 응답할지 방법을 찾는다.

## 바닥 깔개인가, 아니면 사랑하는 사람인가?

두려움이나 죄책감, 원망 때문에 봉사의 행위를 하는 배우자는 이것이 사랑의 표현이 아니라는 사실을 잘 알고 있다. 바닥 깔개는 생명이 없는 물건이다. 신발을 문지르든지 발로 차든지 아무렇게나 할 수 있다. 그것은 자기 의지가 없다. 당신은 그것을 사용할 수는 있으나 사랑하지는 않는다. 바닥 깔개가 되고 싶은 사람은 아무도 없다. 우리는 감정과 생각과 소망을 가진 피조물이다. 또 우리는 의사 결정을 하고 행동을 할 능력이 있다. 상대방이 이용하거나 조종하도록 허락하는 것도 사랑의 행위가 아니다. 이것은 비인간적 습관을 계속하도록 내버려 두는 것이다. 사랑은 "당신을 사랑하기에 내게 이렇게 하도록 내버려 두지 못해요. 이러는 것은 당신이나 나에게 좋지 않아요."라고 말한다.

Q. **당신은 어떤 사람인가?**

☐ 1. 바닥 깔개   ☐ 2. 바닥 깔개를 밟는 사람   ☐ 3. 둘 다 아니다

Q. **다음 말씀을 읽고 질문에 답해 보라.**

"사랑 안에 두려움이 없고 온전한 사랑이 두려움을 내쫓나니 두려움에는 형벌이 있음이라 두려워하는 자는 사랑 안에서 온전히 이루지 못하였느니라 우리가 사랑함은 그가 먼저 우리를 사랑하셨음이라"(요일 4:18-19).

만일 위의 질문에 1번 또는 2번이라고 답한 사람이 이 말씀대로 산다면 배우자에 대한 그의 행위가 어떻게 변화될 것 같은가?

_____
_____
_____

Q. **다음 말씀을 읽고 질문에 답해 보라.**

"형제들아 너희가 자유를 위하여 부르심을 입었으나 그러나 그 자유로 육체의 기회를 삼지 말고 오직 사랑으로 서로 종노릇하라 온 율법은 네 이웃 사랑하기를 네 자신같이 하라 하신 한 말씀에서 이루어졌나니 만일 서로 물고 먹으면 피차 멸망할까 조심하라"(갈 5:13-15).

1. 배우자의 제1의 사랑의 언어를 배워 사용할 때와 그렇지 않을 때 결혼 생활의 분위기가 어떻게 다를 것 같은지 비교해 보라.

    배우자의 사랑의 언어를 배워 사용할 때
    _____
    _____
    _____
    _____

    배우자의 사랑의 언어를 배워 사용하지 않을 때
    _____
    _____
    _____
    _____

2. 이 중 당신의 결혼 생활은 어떤 모습에 해당하는가?
    _____
    _____
    _____
    _____

배우자의 사랑의 언어로 섬길 능력을 주시고 결혼 생활의 정서적 분위기를 개선할 수 있도록 도와주시길 기도하라.

◎ 사랑 탱크 게임

일주일에 세 번씩 사랑 탱크를 점검하는 게임을 하라.

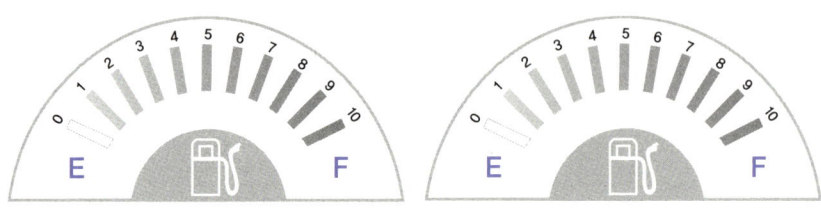

배우자의 사랑 탱크를 채우기 위해 내가 할 수 있는 일은 무엇인가?

_____

_____

■ 다짐하기 : 나는 오늘 배우자의 사랑 탱크를 채우기 위해 최선을 다할 것이다.

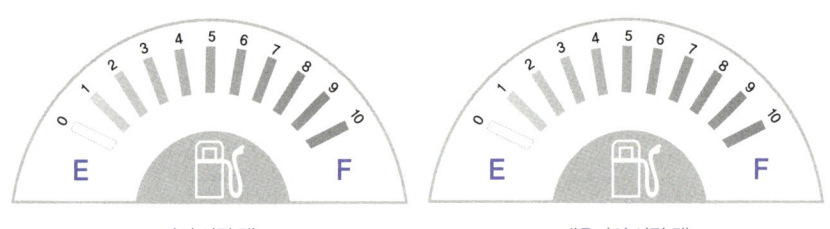

배우자의 사랑 탱크를 채우기 위해 내가 할 수 있는 일은 무엇인가?

_____

_____

■ 다짐하기 : 나는 오늘 배우자의 사랑 탱크를 채우기 위해 최선을 다할 것이다.

나의 사랑 탱크

배우자의 사랑 탱크

배우자의 사랑 탱크를 채우기 위해 내가 할 수 있는 일은 무엇인가?

_____

_____

- 다짐하기 : 나는 오늘 배우자의 사랑 탱크를 채우기 위해 최선을 다할 것이다.

MEMO

# 6과
## 사랑의 언어 #5 스킨십

※참고 『5가지 사랑의 언어』
8. 사랑의 언어 #5 스킨십

"사랑의 스킨십에는
여러 형태가 있다."

## 준비 질문

다음 빈칸을 채워 보라.

스킨십은 _____을 표현하는 근본적인 방법 가운데 하나다.

모든 스킨십이 _____ 가치를 가지는 것은 아니다.

_____에게 사랑을 느끼게 하는 스킨십이 _____에게도 사랑을 느끼게 할 것이라고 생각하지 말라.

_____ 스킨십은 온 정신을 집중해야 한다.

_____ 스킨십은 한순간이면 된다.

위기의 순간에 스킨십은 _____의 표현이 될 수 있다.

만일 당신에게 스킨십이 편안하지 않다면 _____ 스킨십으로 시작하라.

**정답** 사랑 / 같은 / 자신, 배우자 / 노골적인 / 은근한 / 사랑 / 간단한 우리는 스킨십이 사랑을 전달하는 방법 가운데 하나라는 사실을 잘 알고 있다. 스킨십을 전혀 하지 않고 지낸 아이들보다는 안아 주거나 키스를 해 준 아이들이 정서적으로 훨씬 건강하게 자란다고 한다. 아이들에게 스킨십이 중요하다는 것은 현대에 와서 생긴 개념이 아니다. 어느 문화에서든 지혜로운 부모는 스킨십을 한다.

스킨십은 또한 부부의 사랑을 전달하는 강력한 도구다. 손을 잡아 주거나, 키스를 하거나, 포옹하거나, 성관계를 갖는 것 등은 배우자에게 사랑을 전달하는 수단이다. 특히 어떤 이에게는 스킨십이 제1의 사랑의 언어일 수 있다. 그런 사람은 스킨십이 없으면 사랑을 느낄 수 없다. 스킨십을 할 때만 사랑 탱크가 가득 차게 되어 배우자의 사랑을 흠뻑 느낀다.

Q. **다음 질문을 읽고 질문에 답해 보라.**

1. 일상적 스킨십이 당신에게 얼마나 중요한지 아래의 선 위에 표시해 보라. 배우자에게는 얼마나 중요할 것 같은지도 표시하라.

    ←————————————————————————→
    전혀 필요 없다                             절대적으로 중요하다

2. 당신이 표시한 것과 배우자가 표시한 것을 비교해 보라. 혹시 놀랐는가?

    ☐ 그렇다    ☐ 아니다

3. 놀랐다면 그 이유는 무엇인가?

    _____
    _____
    _____

4. 당신이 배우자에게 사랑을 표현하는 방법을 평가해 보라. 배우자가 진정으로 원하는 것이 사랑의 스킨십이라면, 당신에게 편안한 것(안전지대) 가운데서 대안을 찾을 수 있는가?

   ☐ 그렇다    ☐ 아니다    ☐ 모르겠다

5. 만일 "그렇다"고 대답했다면 오늘 스킨십으로 배우자에게 사랑을 표현할 방법을 한 가지 써보라.

   _____

성관계는 스킨십이라는 사랑의 언어의 한 가지 형태일 뿐이다. 결혼 생활에서 사랑의 스킨십에는 여러 형태가 있을 수 있다. 감각점은 신체 전반에 퍼져 있기 때문에 당신의 배우자를 어떤 곳이든지 사랑스럽게 매만지는 것은 일종의 사랑의 표현이 된다. 그러나 모든 접촉이 다 같은 것은 아니다. 접촉하는 곳에 따라 즐거움의 정도가 다를 수 있다. 물론 여기에 있어서 가장 좋은 안내자는 배우자다. 어느 곳이 사랑의 접촉인지는 배우자가 안다. 배우자의 방식으로 사랑을 표현하라. 어떤 접촉은 불편하게 하거나 귀찮게 한다. 내가 좋아하는 접촉을 배우자도 좋아한다고 생각하는 실수를 범하지 말라.

등을 어루만지거나 성관계에서의 전희나 절정과 같은 사랑의 접촉은 노골적이고 온 정신을 집중해야 한다. 반면에 커피를 따라 주면서 그의 어깨에 손을 가볍게 얹거나 부엌으로 지나치면서 그를 잠시 만지는 것 등은 은근히 하는 것이고 한순간이면 족하다. 노골적인 사랑의 접촉은 많은 시간이 필요한데, 실제로 접촉하는 것은 물론 이것을 통해 사랑이 잘 전달되는지 알아야 하기 때문이다.

은근히 하는 사랑의 행위는 시간이 적게 들긴 하나 많은 생각이 요구된다. 특별히 스킨십이 당신의 제1의 사랑의 언어가 아니거나 접촉하는 것이 자연스러운 가정에서 성장하지 않았다면 더욱 그렇다. 따로 시간을 들이지 않고도 함께 소파에 앉아 텔레비전 프로그램을 보면서 사랑을 크게 표현할 수 있다. 방으로 걸어 들어가면서 소파에 앉아 있는 배우자를 가볍게 잠깐 만질 수도 있다. 집에서 나설 때나 집에 돌아와서 간단한 키스나 포옹으로 사랑을 크게 전달할 수도 있다.

일단 배우자의 제1의 사랑의 언어가 스킨십인 것을 발견하면 자신의 상상력을 최대한 발휘해 다양한 방법으로 사랑을 표현하면 된다. 새로운 접촉 방식이나 장소를 개발하면 더 좋아할 것이다. 당신이 식탁 밑으로 만지는 사람이 아니라면 함께 외식할 때 한번 시도해 보라. 그 효과를 확실히 볼 것이다. 당신이 사람들이 보는 앞에서 배우자의 손을 잡는 것에 익숙하지 못하다면, 주차장같이 인적이 드문 곳에서 배우자의 손을 잡고 걸으면서 그의 사랑 탱크를 채워 줄 수 있다. 당신이 차에 타자마자 키스하는 사람이 아니라면 여행을 갈 때 한번 시도해 보라. 훨씬 즐거운 여행이 될 것이다. 아내가 쇼핑하러 가려고 할 때 포옹해 주면 사랑이 전달될 뿐 아니라 아내가 더 빨리 집으로 돌아오는 효과도 있을 것이다.

새로운 방법을 자꾸 시도하면서 그것이 좋은지 아니면 싫은지 물어보라. 당신은 상대방의 사랑의 언어를 배우는 중이라는 것을 명심하라.

Q. **다음 말씀을 읽고 질문에 답해 보라.**

"내게 입맞추기를 원하니 네 사랑이 포도주보다 나음이로구나……그가 왼팔로 내 머리를 고이고 오른팔로 나를 안는구나……사랑아 네가 어찌 그리 아름다운지, 어찌 그리 화창한지 즐겁게 하는구나 네 키는 종려나무 같고 네 유방은 그 열매송이 같구나 내가 말하기를 종려나무에 올라가서 그 가지를 잡으리라 하였나니 네 유방은 포도송이 같고 네 콧김은 사과 냄새 같고 네 입은 좋은 포도주 같을 것이니라 이 포도주는 내 사랑하는 자를 위하여 미끄럽게 흘러내려서 자는 자의 입을 움직이게 하느니라"(아 1:2; 2:6; 7:6-9).

성경 속 남편과 아내가 서로 사랑을 속삭이는 모습을 읽고 가장 먼저 드는 생각은 무엇인가?

☐ 성경에 이런 내용이 있어?
☐ 스킨십을 통해 사랑을 표현해도 된다는 건가?
☐ 나도 스킨십을 통해 배우자에게 사랑을 자유롭게 표현하고 싶다.
☐ 그게 바로 나의 사랑의 언어인데!

## 몸은 스킨십을 기다린다

사람은 육체를 벗어나 살 수 없다. 나의 몸을 만지는 것은 바로 나를 만지는 것이다. 내 몸에서 멀어진다는 것은 바로 나에게서 감정적으로 멀어진다는 말이다. 우리가 서로 악수를 하는 것은 상호 간에 마음을 열고 가까워지는 것을 의미한다. 그런데 어떤 경우에 악수를 거절하기도 하는데 이는 그들의 관계가 좋지 않음을 시사한다. 어느 사회이든 몸을 접촉하는 인사 방식이 있다. 보통 미국 남자들은 유럽식의 포옹이나 키스에 익숙하지 못하지만, 유럽에서는 그런 접촉이 미국식의 악수와 같은 기능을 한다.

어떤 사회든지 이성 간에 허용되는 신체 접촉이 있고 그렇지 않은 접촉이 있다. 하지만 결혼이라는 테두리 안에서는 대체로 배우자 상호 간에 의해 모든 것이 결정된다. 분명한 것은 우리의 몸은 만질 수는 있지만 학대할 수는 없다는 것이다.

Q. **다음 말씀을 읽고 질문에 답해 보라.**

"남편은 그 아내에 대한 의무를 다하고 아내도 그 남편에게 그렇게 할지라 아내는 자기 몸을 주장하지 못하고 오직 그 남편이 하며 남편도 그와 같이 자기 몸을 주장하지 못하고 오직 그 아내가 하나니 서로 분방하지 말라 다만 기도할 틈을 얻기 위하여 합의상 얼마 동안은 하되 다시 합하라 이는 너희가 절제 못함으로 말미암아 사탄이 너희를 시험하지 못하게 하려 함이라"(고전 7:3-5).

이 말씀은 배우자의 몸을 대하는 일에 대해 당신에게 어떤 도전을 주는가?

___

Q. **다음 말씀을 읽고 누가, 무엇을, 언제, 어디서, 왜라는 질문에 답해 보라.**

"너는 네 우물에서 물을 마시며 네 샘에서 흐르는 물을 마시라 어찌하여 네 샘물을 집 밖으로 넘치게 하며 네 도랑물을 거리로 흘러가게 하겠느냐 그 물이 네게만 있게 하고 타인과 더불어 그것을 나누지 말라 네 샘으로 복되게 하라 네가 젊어서 취한 아내를 즐거워하라 그는 사랑스러운 암사슴 같고 아름다운 암노루 같으니 너는 그의 품을 항상 족하게 여기며 그의 사랑을 항상 연모하라 내 아들아 어찌하여 음녀를 연모하겠으며 어찌하여 이방 계집의 가슴을 안겠느냐 대저 사람의 길은 여호와의 눈앞에 있나니 그가 그 사람의 모든 길을 평탄하게 하시느니라 악인은 자기의 악에 걸리며 그 죄의 줄에 매이나니 그는 훈계를 받지 아니함으로 말미암아 죽겠고 심히 미련함으로 말미암아 혼미하게 되느니라"(잠 5:15-23).

1. 이 말씀은 누구에게 주는 것인가?

___

2. 결혼한 부부에게 하는 명령은 무엇인가?

 

3. 언제 배우자의 몸이 당신을 만족하게 하는가?

 

4. 결혼한 부부는 어디서 스킨십을 통해 사랑을 찾아야 하는가?

 

5. 왜 결혼한 사람은 혼외 관계를 가지면 안 되는가?

 

## 위기와 스킨십

사람은 위기의 순간에 본능적으로 서로 껴안는다. 왜 그런 것일까? 스킨십으로 아주 강력하게 사랑을 전달할 수 있기 때문이다. 다른 어떤 때보다 위기의 순간에 사랑이 필요하다. 위기가 닥치는 것은 어쩔 수 없지만 사랑을 받으면 그것을 헤쳐나갈 수 있다.

위기의 순간에 배우자를 위해 할 수 있는 가장 중요한 일은 사랑하는 것이다. 당신의 배우자의 제1의 사랑의 언어가 스킨십이라면 울고 있는 배우자를 껴안아 주는 것 이상 좋은 사랑의 표현은 없다. 이때 말로 하는 위로는 별 의미가 없지만 스킨십은 상당한 효과가 있다. 위기의 순간은 사랑을 표현할 기회. *따뜻한 스킨십은 그 위기가 지나간 후에도 오랫동안 기억된다. 반대로 그렇게 하지 않아도 결코 잊지 않을 것이다.*

Q. **이번 주 동안 특별히 사랑의 스킨십을 필요로 했던 사람이 있다면 이름을 써보라. 그들에게 반드시 스킨십을 해주라.**

어깨를 안아 줄 사람

_____

얼굴을 부드럽게 쓰다듬어 줄 사람

_____

힘차게 악수해 줄 사람

_____

포옹해 줄 사람

_____

열정적인 키스를 해줄 사람(배우자에게만 하라!)

_____

기타

_____

'사랑의 접촉'은 제1의 사랑의 언어가 스킨십인 사람들에게는 감정의 생명줄과 같다. 그들은 배우자가 먼저 자신에게 스킨십을 해주기를 갈망한다.

Q. 배우자에게서 받기 원하는 사랑의 스킨십이 있다면 어떤 것인가?

_____
_____
_____
_____

당신이 쓴 답을 배우자와 나누라. 스킨십을 통해 서로가 사랑에 대한 욕구를 채워 줄 수 있도록 도와주시길 기도하라.

◎ 사랑 탱크 게임

일주일에 세 번씩 사랑 탱크를 점검하는 게임을 하라.

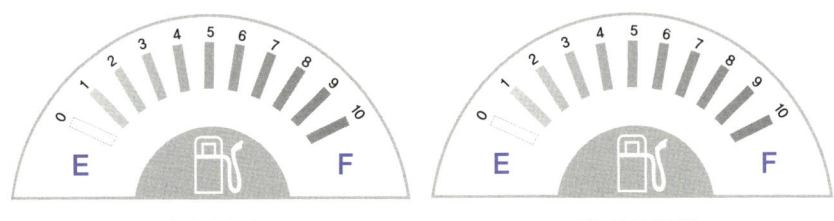

나의 사랑 탱크          배우자의 사랑 탱크

배우자의 사랑 탱크를 채우기 위해 내가 할 수 있는 일은 무엇인가?

_____

_____

■ 다짐하기 : 나는 오늘 배우자의 사랑 탱크를 채우기 위해 최선을 다할 것이다.

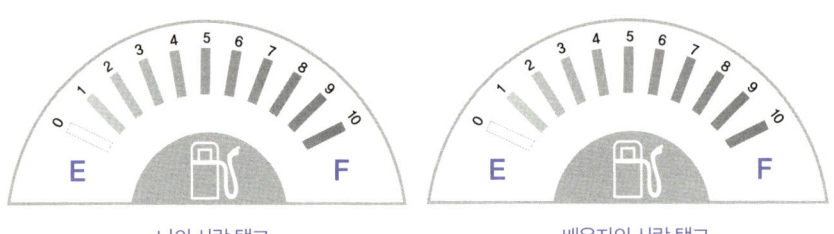

나의 사랑 탱크          배우자의 사랑 탱크

배우자의 사랑 탱크를 채우기 위해 내가 할 수 있는 일은 무엇인가?

_____

_____

■ 다짐하기 : 나는 오늘 배우자의 사랑 탱크를 채우기 위해 최선을 다할 것이다.

나의 사랑 탱크

배우자의 사랑 탱크

배우자의 사랑 탱크를 채우기 위해 내가 할 수 있는 일은 무엇인가?

_____

_____

- 다짐하기 : 나는 오늘 배우자의 사랑 탱크를 채우기 위해 최선을 다할 것이다.

MEMO

# 7과
## 사랑의 성장

※참고 『5가지 사랑의 언어』
3. 사랑에 빠진다?
13. 맺는 말

"우리의 가장 기본적인 감정의 욕구는
사랑에 빠지는 것이 아니라
서로 진정으로 사랑받는 것이다."

### 준비 질문

다음 빈칸을 채워 보라.

사랑에 빠진 상태는 감정적으로 _____ 상태다.
모든 것은 _____에서 시작된다.
이 경험은 사랑하는 이가 완전하다는 _____을 갖게 한다.
 "그/그녀는 _____ 하다!"
 "우리가 함께하지 않으면 행복하지 _____ 것이다!"

### 사랑에 빠지는 경험의 위험성

1. 우리에게 _____한 관계에 대한 환상을 심어 준다.
2. 서로를 향한 _____에 눈이 멀게 한다.
3. _____한 결론에 이르게 한다.

### 사랑에 빠지는 경험이 어떻게 이혼에 이르게 하는가?

부부가 감정의 절정에서 벗어나면 결혼 생활의 _____을 보게 된다.
상대방의 _____이 서로의 관계를 싸움, 분노, 파괴로 이끌기도 한다.

### 어떻게 하면 행복한 결혼 생활을 할 수 있을까?

1. _____을 직시한다.
2. 배우자의 _____를 배워 구사한다.

**정답** 사로잡힌 / 감정 / 환상 / 완벽 / 않을 | **사랑에 빠지는 경험의 위험성** 1. 영원 2. 사랑 3. 성급 | **사랑에 빠지는 경험이 어떻게 이혼에 이르게 하는가?** 현실 / 결점 | **어떻게 하면 행복한 결혼 생활을 할 수 있을까?** 1. 현실 2. 사랑의 언어

우리 대부분은 사랑에 빠지는 경험을 통해 결혼을 한다. 우리는 사랑을 일깨우는 장치를 자극할 만한 신체적 특징이나 성격을 지닌 사람을 만난다. 그러면 그 장치가 작동하기 시작하여 우리는 그 사람과 교제하는 단계에 접어든다. 우리는 사랑을 확인하기 위해 질문을 한다. "내 안에 있는 이렇게 따뜻하고 두근거리는 감정이 '진실한' 것인가?"

우리는 함께하는 경험을 좀 더 하게 되고 머지않아 "나는 사랑에 빠진 것 같아."라고 말하는 단계에 도달한다. 점차 이것이 진실한 것이라고 확신하며 그 감정이 상호 간에 있을 것이라 기대하고 상대방에게 말한다. 상호 간에 이러한 일이 일어날 때 우리는 결혼에 대해 말하기 시작한다. 사랑에 빠진 것이 행복한 결혼 생활을 위한 전제 조건이라고 생각하기 때문이다.

사랑에 빠지는 경험이 절정에 이를 때 황홀하다. 우리는 감정적으로 서로 몰입한다. 서로를 생각하면서 잠자리에 든다. 아침에 일어났을 때도 제일 먼저 그 사람을 생각한다. 함께 있기를 갈망한다. 손을 잡으면 서로 피가 통하는 것 같다. 영원히 키스할 수도 있다. 포옹하면서 결혼과 환희를 꿈꾼다.

사랑에 빠진 사람은 사랑하는 이가 완전하다는 환상을 갖는다. 결혼 전에 우리는 행복한 결혼 생활을 꿈꾼다. 즉 '우리는 서로를 최고로 행복하게 해줄 거야. 다른 부부들은 다투고 싸우지만 우리는 그렇지 않을 거야. 우리는 서로 사랑하니까.'라고 생각한다. 우리는 궁극적으로 서로 다르다는 것을 머리로는 안다. 그러나 서로 다른 점을 드러내 놓고 이야기하면 둘 중 하나가 기꺼이 양보하여 일치하게 되리라 확신한다. 사랑에 빠져 있을 때는 그 밖에 다른 것을 믿기가 쉽지 않다.

사랑에 빠졌을 때는 그것이 영원할 것이라고 믿는다. 지금 이 순간에 느끼는 놀라운 감정을 영원히 가질 것이다. 둘 사이에 아무것도 끼어들 수 없다. 그 무엇도 서로를 향한 사랑을 방해할 수 없다. 상대방의 아름다움과 매력에 사로잡힌다. 우리의 사랑은 지금까지 경험한 것 중에서 가장 놀라운 것이다. 결혼한 어떤 부부들은 그 감정이 사라진 것 같지만 우리는 결코 그렇지 않을 것이다. '아마 그들은 진정으로 사랑하지 않았을 거야.'라고 추측한다.

**Q. 다음 질문을 읽고 답해 보라.**

1. 배우자와 처음 사랑에 빠졌을 때를 돌아보라. 그때의 생각과 감정, 행동을 설명해 보라.

   _____
   _____
   _____

2. 지금도 그때와 같이 생각하고 느끼고 행동하는가?

   ☐ 그렇다    ☐ 아니다

3. 아니라면 언제부터 바뀌었는가?

   _____

4. 어떤 느낌과 믿음, 기대가 두 사람의 관계를 성숙하게 하는 데 도움이 되었는가?

   _____
   _____

5. 어떤 느낌과 믿음, 기대가 단순하고 비현실적이며, 심지어 결혼 생활의 성장에 해가 되었는가?

   _____
   _____

## 사랑에 빠진 경험이 진정한 사랑일까?

불행하게도 사랑에 빠지는 감정이 영원히 지속한다는 것은 사실이 아니라 허구다. 심리학자인 도로시 테노브(Dorothy Tennov) 박사는 사랑에 빠질 때 나타나는 현상을 오랫동안 연구해 왔다. 결혼한 부부들을 연구해 보니 로맨틱한 사랑에 사로잡힌 기간은 평균 2년이라는 결론이 나왔다. 결국 우리는 모두 구름 위를 떠다니는 상태에서 벗어나 현실을 직시하게 된다. 눈이 뜨이고 상대방의 결점이 보인다. 상대방의 결점이 눈에 거슬린다. 그녀의 행동 방식이 짜증이 난다. 그는 상대방을 기분 나쁘게 하며 분을 내고 심지어는 거친 말이나 비판도 서슴지 않는다. 사랑에 빠졌을 때는 눈감아 주었던 작은 것들이 태산이 되어 다가온다. 그제야 어머니의 말씀을 떠올리며 '내가 어찌 그렇게 바보 같았을까?'라고 생각한다.

이제 결혼 생활의 현실로 돌아온다. 세면대 위에는 머리카락이 널려 있고, 거울은 얼룩으로 지저분하다. 화장지는 어떻게 걸어야 하는지, 변기 뚜껑을 올려놓아야 하는지 닫아 놓아야 하는지를 놓고 다툰다. 신발은 스스로 신발장에 들어가지 않으며, 서랍은 스스로 닫히지 않고, 코트는 옷걸이를 싫어하고, 양말은 세탁기에서 탈영한다. 이런 세상에서는 보는 것만으로도 상처가 되고 입을 열면 부담이 된다. 사랑하던 사람이 적으로 변하며 결혼 생활은 전쟁터가 된다.

Q. **당신의 결혼 생활은 어떤가?**

☐ 사랑에 빠진 행복감에 젖어 있다.
☐ 전쟁터와 같다.
☐ 결혼 생활의 현실을 경험하고 있다.

**당신의 결혼 생활을 하나님께 맡기라. 하나님께 맡기오니 당신 부부를 사**

**랑의 동반자 관계로 만들어 달라고 기도하라. 하나님과 당신 부부 모두 기뻐하는 관계가 되게 해달라고 간구하라.**

사랑에 빠졌던 감정은 도대체 어떻게 된 것인가? 우리가 '진실로' 사랑했단 말인가? 분명 그렇다. 문제는 잘못된 정보에 있다.

그 잘못된 정보란 사랑에 빠지는 황홀한 감정이 영원히 지속한다는 것이다. 우리는 바로 알아야 한다. 만일 사랑에 빠진 상태가 계속된다면 심각한 문제가 생긴다. 그 감정의 여파가 사업이나 직장이나 교회나 학교 등 사회 구석구석에 부작용을 일으킬 것이다. 왜 그럴까? 사랑에 빠진 사람은 다른 것에 도무지 흥미를 느끼지 못하니까 말이다. 그래서 우리는 그것을 '사로잡힌' 상태라고 부른다.

사랑에 빠진 상태에서의 행복감은 서로 긴밀한 관계 가운데 있다는 허상을 준다. 우리는 서로에게 소속되어 있다고 느낀다. 모든 문제를 정복할 수 있다고 믿는다. 그러한 감정에 사로잡히게 되면 자기중심적 태도는 없어지고 사랑하는 사람을 위해 무엇이든지 기꺼이 하는 테레사 수녀 같은 사람이 되었다는 착각을 하게 된다. 우리가 그렇게 너그럽게 할 수 있다는 것은 상대방도 똑같이 자신에게 그렇게 느낀다고 믿기 때문이다. 우리는 그녀가 나의 욕구를 채워 주는 일에 헌신할 것이라고 믿는다. 우리는 그가 내가 그를 사랑하는 것만큼 나를 사랑해서 결코 마음 상하게 하지 않을 것이라고 믿는다.

그렇게 생각하는 것은 환상이다. 우리가 생각하며 느끼는 것이 진실하지 않다는 것이 아니라 단지 현실적이지 않다는 것이다. 우리는 인간의 본성을 파악하지 못하고 있는 것이다. 날 때부터 우리는 모두 자기중심적이다. 이 세상을 우리 중심으로 생각한다. 완전히 이타적인 사람은 아무도 없다. 사랑에 빠진 행복감은 단지 그런 환상만 줄 뿐이다.

사랑에 빠진 경험이(사랑에 빠지는 경험은 평균 2년 정도 지속한다는 것을 기억하라) 끝나면 우리는 현실로 돌아와 자신을 주장하기 시작한다. 그는 자신의 희망

사항을 표현할 것이다. 하지만 그녀의 것과는 너무도 다르다. 그는 성관계를 요구하지만 그녀는 몹시 지쳐 있다. 그는 새 차를 사기 원하지만 그녀는 "당치 않은 소리예요!"라고 면박을 준다. 그녀는 친정에 가고 싶어 하지만 그는 "나는 처가 식구와 많은 시간을 함께하고 싶지 않아."라고 말한다. 그는 야구를 하고 싶어 하지만 그녀는 "당신은 나보다 야구를 더 사랑해요?"라고 말한다.

 점차 아주 가까운 관계에 있다는 환상은 사라지고 각자의 욕망이나 감정이나 생각이나 행동이 강하게 표출된다. 그들은 하나가 아니라 두 개체인 것이다. 그들의 마음은 융합되지 못했고, 감정은 사랑이라는 넓은 바다에 잠시 섞여 있었던 것에 불과하다. 이제 현실이라는 파도가 그들을 갈라놓기 시작한다. 그들은 빠졌던 사랑에서 벗어난다. 여기에 이르면 별거를 하고 이혼을 하며 새로운 사랑을 찾아 나서거나 아니면 사랑에 사로잡혀 있는 행복감 없이도 서로를 사랑하는 법을 익히는 아주 힘든 작업을 시작한다.

**Q.** 다음 글은 사랑에 빠진 상태에 대한 설명이다. 글을 읽으면서 이상주의적인 말에 X 표시를 하고 그 위에 고린도전서 13장 4-8절에 나오는 진정한 사랑의 방식을 쓰라.

"사랑은 오래 참고 사랑은 온유하며 시기하지 아니하며 사랑은 자랑하지 아니하며 교만하지 아니하며 무례히 행하지 아니하며 자기의 유익을 구하지 아니하며 성내지 아니하며 악한 것을 생각하지 아니하며 불의를 기뻐하지 아니하며 진리와 함께 기뻐하고 모든 것을 참으며 모든 것을 믿으며 모든 것을 바라며 모든 것을 견디느니라 사랑은 언제까지나 떨어지지 아니하되"(고전 13:4-8).

사랑은 완전하며, 최고의 행복이다. 사랑은 아침에 나는 구취가 없으며, 지치지 않고, 흠도 없다.

사랑은 언제나 우아하다. 결코 의견 충돌이 없으며, 화내지 않고, 항상 집을 깨끗하게 유지한다.

사랑은 상대방이 귀찮게 구는 것을 생각하지 않으며, 재미없는 농담을 해도 항상 웃어 준다.

사랑은 항상 행복하며, 항상 따뜻하고, 항상 달콤하고, 항상 찌릿찌릿하다. 사랑은 결코 시들지 않는다.

사랑에 빠져 본 사람은 이 경험이 다른 경험과는 달리 우리를 감정의 궤도 속으로 내던진다는 것을 인정할 것이다. 이것은 우리의 이성적 능력을 빼앗아 정상적인 상태라면 절대 하지 않을 말이나 행동을 하게 한다. 실제로 우리는 감정적으로 사로잡힌 상태에서 빠져나오면 왜 그랬을까 하고 의아해할 때가 있다.

그렇다면 우리는 배우자와 비참한 삶을 살아야 하는가? 아니면 결혼 생활이라는 배에서 뛰어내려 다시 시작해야만 하는가? 이전 세대는 전자를 택했지만 우리 세대는 후자를 선호한다. 좀 더 나은 선택을 해야 한다고 결론짓기 전에 다음의 자료를 잘 살펴보아야 한다. 연구에 의하면 현재 미국에서는 결혼의 40%가 이혼으로 끝난다. 두 번째 결혼은 60%, 세 번째 결혼은 75%가 이혼으로 끝난다. 두 번째, 세 번째 결혼이 행복할 가능성은 별로 없다.

이러한 통계는 제3의 좀 더 나은 방안을 암시하는데, 그것은 사랑에 빠진 경험이 일시적으로 감정이 고조된 상태라는 것을 인정하고 배우자와 더불어 진정한 사랑을 추구하라는 것이다. 이 사랑도 본질적으로 감정적이기는 하나 사로잡힌 것은 아니다. 이것은 바로 이성과 감성을 연합해 주는 사랑이다. 이것은 의지에 따른 행동을 내포하고 훈련을 요구하며 개개인의 성숙의 필요를 인정한다. 우리의 가장 기본적인 감정의 욕구는 사랑에 빠지는 것이 아니라, 본능이 아닌 이성과 선택에서 나온 사랑을 알고 서로 진정으로 사랑받는 것이다. 나는 내 안에서 사랑받을 만한 무엇인가를 보고 나를 사랑하기로 선택하는 누군가에 의해 사랑받을 필요가 있다.

이러한 사랑은 노력과 훈련이 필요하다. 이것은 만일 배우자의 삶이 나의 노력으로 풍성해진다면 나 또한 정말 서로 사랑하고 있다는 만족감을 느낄 것을 알고, 열심히 배우자의 유익을 위해 노력하고자 하는 선택이다. 이것은 사랑에 빠진 황홀감이 필요하지 않다. 사실 *진정한 사랑은 사랑에 빠진 감정을 벗어나야 비로소 시작된다*.

Q. **다음 말씀을 읽고 아래의 문장을 완성하라.**

"그가 우리를 위하여 목숨을 버리셨으니 우리가 이로써 사랑을 알고 우리도 형제들을 위하여 목숨을 버리는 것이 마땅하니라……자녀들아 우리가 말과 혀로만 사랑하지 말고 행함과 진실함으로 하자"(요일 3:16, 18).

누군가와 사랑에 빠졌을 때는 그의 삶과 밀접해지길 원하지만, 진정으로 그를 사랑할 때는 _____ 할 것이다.

누군가와 사랑에 빠졌을 때는 말로 나의 사랑을 알리지만, 진정으로 그를 사랑할 때는 _____ 할 것이다.

감정적으로 건강하기 위해서는 감정적 사랑의 욕구가 충족되어야 한다. 결혼한 부부들은 배우자에게서 사랑받기를 갈망한다. 배우자가 우리를 받아들이고 원하고 우리의 행복을 위해 헌신한다는 것을 확신할 때 우리는 안정감을 느낀다. 사랑에 빠졌을 때 우리는 이 모든 감정을 느꼈다. 그것이 지속하는 동안은 천국이었다. 하지만 그 사로잡힌 감정은 영원히 지속하지 않는다. 결혼 생활이라는 교과서에서 사로잡힌 감정은 단지 서론에 불과하다. 그 책의 본론은 이성과 의지에 의한 사랑이다. 이 사랑이 바로 현인들이 우리에게 말한 사랑이다.

이것은 사랑에 빠진 감정이 소멸한 부부들에게 희소식이다. 사랑이 선택이라면 사랑에 빠진 감정이 사라지고 현실로 돌아온 후에도 사랑할 수 있다는 것이다. 이러한 사랑은 태도, 즉 생각하는 방식에서 시작된다. 사랑은 "나는 당신과 결혼했으므로 당신의 유익을 살피기로 선택합니다."라고 말하는 자세다. 그럴 때 사랑하기로 선택한 사람은 그 결정을 적절하게 표현하는 방법을 발견할 것이다.

"그렇지만 그것은 별 효과가 없을 것 같은데요."라고 어떤 이들은 말한다. "사랑은 적절한 행동을 동반한 태도라고요? 짜릿하고 신나는 깊은 감정들은 어디로 갔단 말입니까? 설레며 기다리고 눈으로 사랑을 속삭이고 감전된 듯 키스를 하고 황홀하게 함께했던 모든 것은 도대체 어떻게 된 것입니까? 내가 상대방의 마음속에서 제일 중요한 사람이라는 것을 알고 느꼈던 안정감은 어떻게 된 것입니까?"

우리는 상대방의 사랑받고자 하는 깊은 감정적 욕구를 어떻게 채워 주는가? 우리가 이러한 것을 배워 실행하기로 한다면 우리의 사랑은 이전에 열중했던 그 어떤 사랑보다 더 신나는 것이 될 것이다.

Q. 다음 말씀을 읽고 아래의 내용에 해당하는 설명이 무엇인지 써보라.

"너는 나를 도장같이 마음에 품고 도장같이 팔에 두라 사랑은 죽음같이 강하고 질투는 스올같이 잔인하며 불길같이 일어나니 그 기세가 여호와의 불과 같으니라 많은 물도 이 사랑을 끄지 못하겠고 홍수라도 삼키지 못하나니 사람이 그의 온 가산을 다 주고 사랑과 바꾸려 할지라도 오히려 멸시를 받으리라"(아 8:6-7).

참사랑의 헌신 : _____
참사랑의 뜨거움 : _____
참사랑의 지속성 : _____
참사랑의 가치 : _____

## 맺는 말

앞서 나는 "5가지 사랑의 언어를 이해하고, 배우자의 제1의 사랑의 언어로 구사하는 것을 배우게 되면, 상대방의 행동에 큰 변화가 나타날 것이다."라고 말했다. 이 내용을 읽으면서 당신은 무엇을 생각했는가? 이 개념들이 당신의 결혼 생활의 감정적 분위기를 근본적으로 변화시킬 수 있겠는가? 배우자의 사랑의 언어를 찾아서 끊임없이 구사하면 어떤 일이 일어나겠는가?

당신이나 나나 직접 시도해 볼 때까지 누구도 대답할 수 없다. 내가 인도하는 결혼 생활 세미나에서 이 개념을 들은 많은 부부가, 사랑을 선택하고 배우자의 사랑의 언어로 표현하면 굉장한 변화가 일어났다고 말한다. 사랑에 대한 감정적 욕구가 충족될 때, 부부가 결혼 생활을 더 생산적인 방식으로 이끌어 갈 분위기가 조성된다.

Q. 남은 세월 동안 배우자를 진정으로 사랑하겠다는 다음 헌신 서약문을 완성하라. (119쪽에 별도로 수록되어 있으니 잘라서 활용하라.)

---

당신을 향한 나의 약속

사랑하는 _____에게
(배우자의 이름)

나는 우리의 결혼 생활을 위해
당신의 사랑의 언어를 찾아 날마다 구사함으로써
진정한 사랑을 항상 추구할 것입니다.

20____년 ____월 ____일

당신을 사랑하는 _____
(본인 이름)

---

이 서약서를 배우자의 사랑의 언어에 적합하게 전달할 방법을 생각해 보라. 예를 들어, 배우자의 사랑의 언어가 인정하는 말이면 배우자의 눈을 바라보며 큰 소리로 말하고, 함께하는 시간이면 배우자가 좋아하는 활동을 함께하면서 서약서를 보여 주라. 사랑의 언어가 선물이면 예쁜 카드에 이 서약문을 써서 꽃과 함께 주고, 봉사이면 의무로 하는 것 이상의 일을 해주면서 이 서약서를 보여 주라. 스킨십이면 스스로 알아낼 수 있다.

우리는 서로 다른 성격과 과거 경험을 가진 채 결혼한다. 결혼할 때 감정의 짐도 가지고 온다. 기대하는 것도 다르고, 일에 접근하는 방식도 다르고, 인생에서 중요한 것에 대한 견해도 다르다. 건강한 결혼 생활이 되려면 이 다양한 관점을 반드시 다루어야 한다. 모든 것에 일치할 필요까지는 없지만 반드시 서로의 차이를 해결하는 방법을 찾아야 한다. 그래야 그것 때문에 틈이 벌어지는 일이 생기지 않는다.

사랑 탱크가 비면 부부 사이에 다툼이 일어나고 거리가 벌어진다. 그러나 사랑 탱크가 가득 차면 이해하려는 우호적인 분위기가 이루어져 차이를 인정하고 타협하려고 한다. 사랑에 대한 감정적 욕구를 채워 주는 것만큼 결혼 생활에 큰 영향을 주는 것은 없다.

어떤 사람은 사랑할 수 있는 능력이 없는 것 같다. 특히 배우자가 사랑해 주지 않을 때 그런 것 같다. 그런 사랑을 하기 위해서는 영적 힘을 얻어야 할 것이다. 오래전 내가 결혼 문제에 부딪혔을 때, 나의 영적 뿌리를 다시 발견할 수 있었다. 나는 예수 그리스도의 죽으심이 나를 향한 사랑의 표현이며, 그분의 부활은 그분의 능력을 나타내는 증거임을 깨닫게 되었다. 그리하여 나는 '진정한 신자'가 되었다. 내 삶을 그리스도께 맡겼고, 그러자 그분이 사랑할 수 있는 내면의 영적 에너지를 공급해 주셨다. 특히 사랑이 호응받지 못할 때 그랬다.

나는 당신도 당신의 삶을 그리스도께 맡기기를 권한다. 그분은 자기를 죽이려는 사람들을 위해 "아버지 저들을 사하여 주옵소서 자기들이 하는 것을 알지 못함이니이다"(눅 23:34)라고 기도하셨다. 이것이 사랑의 궁극적인 표현이다.

Q. 당신도 '진정한 신자'가 되어 삶을 그리스도께 맡겼는가?

☐ 그렇다    ☐ 아니다

만일 그렇다고 답했다면 놀라운 사랑을 주신 하나님께 감사드리라. 그렇지 않다고 답했다면 당신의 삶을 그리스도께 맡겨 이제까지 생각해 보지 못했던 사랑의 삶을 시작하기 바란다!

# 인도자 가이드

이 교재는 각 그룹의 필요에 맞추어 다양하게 사용할 수 있도록 계획되었다. 단기간의 수련회에서 2회에 걸쳐 공부할 수도 있고, 소그룹으로 5-8회에 걸쳐 공부할 수도 있다. 이 인도자 가이드는 소그룹으로 7회에 걸쳐 공부하는 것을 전제로 하고 있으며, 토의를 더 해볼 수 있도록 8회 차를 추가하여 수록했다.

### 소그룹 모임 방법

주 단위로 소그룹 모임을 하는 방법은 간단하면서도 효과적이다. 모든 모임은 다음과 같이 이루어진다.

1. 그룹 참석자들이 5가지 사랑의 언어를 자신의 삶에 어떻게 적용하고 있는지 나누도록 하며 모임을 시작한다.
2. 분주한 하루에서 벗어나 배우자 또는 친구와 의미 있는 대화를 나누며 편안한 시간을 갖도록 하는 활동이나 질문이 제공된다.
3. 참석자들이 집에서 공부한 자료를 토의하도록 도와준다. (토의 문제는 매주 모였을 때 모두 다룰 수 없을 만큼 많다. 융통성 있게 진행하라. 그룹의 성격을 고려하여 토의할 주제를 결정하면 된다.)
4. 모임 도중 부부끼리 질문을 놓고 토의할 시간을 준다. (이 인도자 가이드에 있는 질문을 사용한다.)
5. 기도로 모임을 마치고, 집에 가서 배운 것을 결혼 생활에 적용하도록 격려한다.

각 모임은 60-90분 정도 진행하게 되어 있다. 그룹의 형편에 맞추어 시간을 조정하면 된다. 그룹 인도자는 경험이 많은 결혼 상담가나 성경 전문가가 아니어도 된다. 완벽한 결혼 생활을 하지 못해도 된다. 이 모임을 인도하는 일만 하면 된다.

### 개인이 준비할 일

- 배우자의 사랑의 언어를 배워 결혼 생활을 풍성하게 하려는 결심이 있어야 한다.
- 결혼한 부부는 서로 깊이 사랑하는 법을 배워 건강하고 오래 지속하는 결혼 생활을 하려는 열정이 있어야 한다.
- 하나님의 말씀과 기도가 삶을 변화시킨다는 믿음이 있어야 한다.
- 그리스도를 통한 하나님의 사랑을 개인적으로 알려는 갈망이 있어야 한다.
- 모임 전에 각 과를 미리 공부해 오기로 한다. (답을 모두 작성할 필요는 없으나 내용은 미리 알아야 한다.)

### 그룹이 준비할 일

- 각 사람당(부부도 각각) 한 권의 교재를 준비한다.

- 여섯 부부 정도의 소그룹이 좋다. 이 모임은 결혼 생활을 개선하는 데뿐만 아니라 예수 그리스도를 통한 구원을 경험하는 데도 좋은 수단이 된다. 그룹에 참여하는 신자들은 불신 친구들을 초청하도록 한다.
- 편안하게 모일 장소가 필요하다. 특히 불신 부부를 초청할 때는 가정이 이상적인 환경이다.
- 아기를 돌봐 줄 사람이 필수적이다. 교회에서 도움을 얻을 수도 있다.

이 가이드는 가이드일 뿐 꼭 지켜야 할 법칙이 아니다. 그룹의 필요와 리더십 스타일에 맞추어 창의적으로 바꾸어 사용해도 된다. 모임을 위해 기도하며 늘 영적으로 준비하도록 한다.

## 1회 (오리엔테이션)

1. 모임 전에 참석자들의 이름, 주소, 전화번호, 이메일 주소 등을 쓸 종이를 준비한다. 이 종이를 입구 쪽 테이블에 펜과 이름표, 교재 등과 함께 비치해 둔다.
2. 참석자들이 도착하면 종이를 작성하게 하고, 이름표를 달고, 교재를 가져가도록 한다. 교재 비용을 상자에 넣거나 나중에 따로 걷도록 한다.
3. 모두 등록을 마치면 인도자가 자신의 이름과 결혼기념일을 소개하고 자신의 배우자에게도 이름과 결혼 기간을 소개하도록 한다. 그런 다음 다른 부부들도 그렇게 소개하도록 한다.
4. 각 사람에게 자신의 사랑의 언어를 말해 보게 한다. 바른 언어를 찾는 것이 중요하다. "'사랑한다.'라고 말하는 방법은 여러 가지가 있지만 상대방이 이해할 수 있는 언어로 말하는 것이 중요하다. 앞으로 우리는 상대방이 이해할 수 있는 언어로 사랑을 말하는 법을 배울 것이다."라고 설명한다.
5. 저자 게리 채프먼을 소개한다(표지 참고). 이 공부에 대해 게리 채프먼이 한 다음의 말을 읽는다. "5가지 사랑의 언어를 이해하고, 배우자의 제1의 사랑의 언어로 구사하는 것을 배우게 되면, 상대방의 행동에 큰 변화가 나타날 것이다. 사람들은 자신의 사랑 탱크가 찼을 때 전과는 다르게 행동한다."
6. "한 가지 이상의 언어를 말할 수 있는 사람이 있는가? 그 언어를 언제 배웠는가? 어렸을 때인가, 성인이 되어서인가?"라고 묻는다. "모국어는 노력 없이도 습득하지만 성인이 되어서 새로운 언어를 배워 유창하게 사용하려면 계속 연습해야 한다. 마찬가지로 결혼 생활을 발전시키기 원하는 성인은 배우자의 사랑의 언어를 배워 계속 연습해야 한다."라고 말한다.

7. 교재를 공부하는 것이 배우자의 사랑의 언어를 배우려는 의지를 보여 준다는 것을 설명한다. 참가자들에게 교재의 구성에 대해 설명한다. 이 교재는 매일 공부하도록 나누어져 있지는 않지만, 한꺼번에 몰아 공부하기보다는 매일 조금씩 공부하는 것이 좋다고 설명한다. 또 최선의 결과를 얻으려면 제시된 활동을 완수해야 한다고 설명한다. 때로 성경 말씀을 읽는 활동도 있다. 참가자들은 성경을 찾아 읽어야 한다. 불신자가 있을 때는 성경을 제공해 주고 성경 찾는 법을 안내해 준다. 개인적 평가 활동은 나누지 않는다고 알려 준다. 그리고 이 모임에서 토의한 내용은 비밀로 해야 한다고 알려 준다.
8. 이 모임에서 바라는 일과 공부 후 결혼 생활에 일어날 일에 대한 기대를 설명한다. 1과를 공부해 오도록 한다.
9. 기도로 모임을 마친다. 5가지 사랑의 언어를 배우는 동안 하나님이 각 부부를 축복해 주시기를 간구한다.

## 2회 (1과. 사랑을 말하는 법 배우기)

1. 참석자들이 도착하면 이름표를 달도록 요청한다.
2. 자원하는 사람들에 한해 그들의 결혼식에서 어떤 재미있는 일이 있었는지 이야기하게 한다. "결혼하고 나니 전에 기대하던 것과 다르던가?"라고 질문한 후 설명하게 한다.
3. 다음 질문으로 토의를 진행한다.
- 채프먼 박사는 결혼 생활에서 사랑을 유지하는 것이 왜 거의 불가능한지 그 근본적 이유를 어떻게 설명하는가? 결혼 생활이 오래 지속하고 사랑이 유지되는 데 열쇠가 되는 것이 무엇이라고 말하는가? 이에 대해 동의가 되기 시작하는가?
- 영어에서 '사랑'이 가장 중요한 단어라는 것에 동의하는가? 모든 사람이 서로 친밀해지고 싶어 하는 깊은 갈망을 가지고 있다. 그 이유를 전도서 4장 9-12절에서 어떻게 표현하는가?(19쪽) 사랑과 친밀함에 대한 욕구를 충족시키기 위해 하나님은 우리에게 무엇을 주셨는가?
- '정서적 사랑 탱크'라는 채프먼 박사의 설명은 당신 자신과 다른 사람들의 행위를 이해하는 데 어떻게 도움이 되는가? 배우자의 사랑 탱크를 채우는 일과 자동차의 연료 탱크를 채우는 일 중 어느 것이 비용이 더 들 것 같은가? 설명해 보라.
- 당신의 제1의 사랑의 언어는 무엇이라고 생각하는가? 그것을 발견하는 데 가장 큰 도움이 된 것은 무엇인가? 이번 주 공부에 나온 질문인가, 아니면 5가지 사랑의 언어 검사인가?
- 배우자의 사랑의 언어가 당신에게 자연스럽지 않으면 어떻게 할 것인가?(17-18쪽)

진정한 사랑은 어떤 면에서 이기적이지 않은 감정이자 행동인가?

4. 부부끼리 짝을 짓게 한다. 13쪽의 사랑 탱크 게임에 대한 답을 나누도록 한다. 서로 비교하되 어느 탱크가 비어 있어도 낙심하지 말라고 한다. 하나님은 이 공부를 통해 그들의 사랑 탱크를 채워 주시고 결혼 생활을 회복시키실 것이다. 다음에는 부부가 자신의 제1의 사랑의 언어와 배우자의 제1의 사랑의 언어라고 생각하는 것을 나누도록 한다.

5. 이번 주 중에 배우자의 사랑 탱크를 채워 주기 위한 행위를 의도적으로 실천하도록 권한다. 사랑 탱크 게임을 상기시킨다. 부부가 함께 대화하며 2과를 공부해 오도록 한다.

6. 기도로 모임을 마친다. 하나님의 사랑에 감사드리며 부부가 서로의 사랑의 언어로 구사하는 것을 배우게 해주시길 간구한다.

## 3회 (2과. 사랑의 언어 #1 인정하는 말)

1. "사랑 탱크와 사랑의 언어를 알게 된 것이 지난 주간의 행동에 어떤 영향을 미쳤는가?"라고 질문한다.
2. "인간의 몸에서 가장 강한 근육은 어떤 것이라고 생각하는가? 왜 그런가? 우리 몸의 그 작은 부분이 결혼 생활에 그토록 큰 영향을 미칠 수 있는 이유는 무엇이라고 생각하는가?"라고 질문한다.
3. 다음 질문으로 토의를 진행한다.

- 31쪽에 있는 말의 긍정적인 영향과 부정적인 영향을 비교한다.
- 배우자를 세워 주기 위해 사용할 수 있는 칭찬의 말을 제시해 보라. 칭찬하는 말의 표현 방법을 배울 때 진실하지 못한 아첨을 피하려면 어떻게 해야 하는가? 배우자의 칭찬하는 말에 긍정적으로 반응하려면 어떻게 해야 하는가?
- 성경에 의하면, 우리가 격려하는 말로 사랑을 말할 때 배우자에게 어떤 일이 일어나는가?(33쪽) 격려하는 말과 압력을 가하는 말은 어떻게 다른가? 배우자에게 격려하는 말을 하려면 어떤 것이 필요한가? 배우자를 격려하는 말의 예를 몇 가지 들어 보라.
- 온유한 말과 인내는 어떤 관계가 있는가?(35-36쪽) 온유한 말을 하는 데는 실제로 하는 말 외에 무엇이 필요한가? 잠언 15장 1절을 읽으라. 말투에 따라 온유한 말이 되기도 하고 거친 말이 되기도 하는 예를 들어 보라.
- 배우자에게 온유한 말을 하려면 과거의 실패와 고통에 대해 어떻게 해야 하는가? 에베소서 4장 32절과 골로새서 3장 12-13절(36-37쪽)에 의하면, 우리는 배우자를 어떻게 용서해야 하는가? 그것은

무엇을 의미하는가?
- 결혼 생활이 사랑으로 유지되려면 겸손이 필수적인 이유는 무엇인가? 겸손한 말의 예를 들어 보라.
- 인정하는 말을 쓰는 노트를 만들었는가? 그중 당신이 좋아하는 말은 무엇인가?
- 간접적으로 칭찬하는 말을 들어 본 적이 있는가? 어떤 느낌이 들었는가? 당신은 배우자에게서 직접 칭찬하는 말을 듣기 원하는가, 아니면 배우자가 다른 사람 앞에서 당신을 칭찬하는 말을 듣기 원하는가?
4. 부부끼리 짝을 지어 서로의 눈을 바라보며 40쪽 사과 안에 쓴 인정하는 말을 하도록 한다. 그리고 39쪽에 쓴 배우자의 장점에 대해 나누도록 한다. 마지막으로 자신들이 듣기 원하는 격려하는 말에 대해 토의하도록 한다(40쪽).
5. 참가자들이 결혼 생활을 개선하는 데 배운 것을 적용할 의지가 있는지 확인한다.
6. 다음 주는 '함께하는 시간'을 공부하지만 인정하는 말을 계속하도록 격려한다. 배우자에게 인정하는 말을 하기 시작한 후 부부 사이에 어떤 변화가 있었는지 나눌 것이라고 설명한다. 3과를 공부해 오도록 한다.
7. 기도로 모임을 마친다. 부부가 서로를 세워 주는 결혼 생활을 위해 말이라는 은사를 활용할 수 있길 간구한다.

### 4회 (3과. 사랑의 언어 #2 함께하는 시간)

1. 매일 배우자에게 인정하는 말을 할 때 그들 자신과 부부 사이에 어떤 변화가 있었는지 자원하는 사람이 있으면 나누게 한다.
2. 시계, 돈, 신용카드, 보석, 전자제품 등 귀중한 것들을 보여 주면서 그들에게 소중한 것이 어떤 것인지 묻는다. "시간과 돈 중에 어느 것을 선택하겠는가? 왜 그런가? 함께하는 시간이 배우자에게 사랑을 말하는 강력한 방법이 되는가?"라고 질문한다.
3. 다음 질문으로 토의를 진행한다.
- 함께하는 시간을 가진다는 것은 어떤 의미인가? 남편과 아내가 서로 온전히 집중해 주는 시간이 하루 중 몇 % 정도 되는가? 만일 이 시간을 10% 늘리면 결혼 생활에 어떤 일이 일어날 것 같은가?
- 상대방의 온전한 집중을 필요로 하는 것은 유치한 일, 아니면 성인의 정당한 필요 중 어느 것이라 생각하는가? 설명해 보라.
- 당신의 집에서 매일 일상적으로 이루어지는 대화는 어떤 것인지 예를 들어 보라. 진정한 대화란 무엇인가? 당신은 진정한 대화가 얼마나 편한가? 공감적 대화가 불편한데 배우자의 제1의 사랑의 언어가 함께하는 시간이라면 우리는 어떻게 해야 하는가?

- 잠언 20장 5절을 읽으라(48쪽). 어떻게 하면 우리는 배우자의 마음속 깊숙이 있는 것을 끌어내는 이해의 사람이 될 수 있을까?
- 진정한 대화에 필요한 두 가지 행동은 무엇인가? 고린도후서 6장 11-13절을 읽으라. 배우자가 당신의 생각과 감정을 나누라고 요청한다면, 그/그녀가 원하는 것은 무엇일까?(50쪽) 당신의 사랑의 언어가 진정한 대화인데 배우자는 그것이 아니라면, 그/그녀에게 깊은 생각을 나눠 달라고 요청하기 좋은 때는 언제인가? 그렇지 않을 때는 언제인가?
4. 부부끼리 짝을 지어 함께하고 싶은 활동 5가지를 나누도록 한다(52쪽). 앞으로 몇 개월 동안 함께할 6가지 활동을 목록으로 작성할 시간을 준다. 날짜와 비용을 확인할 수 없더라도 목록은 완전하게 만들도록 한다. 집에 돌아가서 그 목록을 수정할 수 있다.
5. 부부끼리 목록을 토의할 시간을 가진다.
6. 참가자들이 개인 공부와 소그룹 시간을 잘 가졌는지 확인한다. 4과를 공부해 오도록 한다.
7. 시편 31편 15절 앞부분을 읽고 기도한다. 시간이라는 선물을 주심에 감사드리며 부부가 시간을 잘 사용하여 서로에게 지혜롭게 사랑을 말할 수 있길 간구한다.

### 5회(4과. 사랑의 언어 #3 선물)

1. 지난주 동안 배우자와 함께하는 시간을 어떻게 보냈는지 자원하는 사람이 있으면 발표하게 한다.
2. 각 참석자에게 초콜릿 등의 선물을 나눠 주고 작은 것이라도 선물을 받으면 어떤 기분이 드는지 묻는다. 그런 다음 "모든 사람이 선물을 좋아하지만, 선물이 제1의 사랑의 언어인 사람에게는 선물 자체가 중요한 것이 아니라 그 선물이 전해 주는 사랑의 감정이 중요하다. 선물이 이처럼 강력하게 사랑을 전달하는 이유는 무엇인가?"라고 묻는다.
3. 다음 질문으로 토의를 진행한다.
- 사랑을 하면 반드시 주게 된다는 말에 동의하는가, 반대하는가? 그 이유는 무엇인가? 요한복음 3장 16절을 읽으라. 선물이 무엇인지, 선물을 주신 분이 누구인지, 선물을 주신 이유가 무엇인지 찾아보라.
- 선물에서 정말 중요한 것은 생각뿐인가? 설명해 보라.
- "나는 당신을 사랑합니다."라는 메시지를 전달하는 선물 중 저렴하거나 돈이 안 드는 것은 어떤 것이 있을까? 고린도후서 8장 12절에 의하면, 선물로 사랑을 표현할 때 중요한 것은 무엇인가?(59쪽)
- 잠언 11장 24-25절을 읽으라(60쪽). 선물을 주고받으면서 기분이 좋아졌던 때를

설명해 보라. 배우자는 어떤 반응을 보였는가?
- 선물로 사랑을 잘 표현하려면 당신은 어떤 면에서 변해야 하는가? 어떤 것이 어려울 것 같은가? 가계를 책임지고 있어서 돈을 아껴야 한다면 어떻게 선물을 할 수 있을까?
- 누가복음 6장 38절에서 당신이 끌어낼 수 있는 원리는 무엇인가?(63-64쪽) 이 말씀이 진리임을 확인한 경험이 있는가?
- 함께 있어 주는 선물이 함께하는 시간과 다른 점은 무엇인가? 배우자가 함께 있어 주기 원하는지, 아니면 혼자 있고 싶은지를 아는 방법은 무엇인가?
4. 부부끼리 짝을 지어 배우자가 함께 있어 주기를 요청하는 문장을 서로 나누게 한다(63쪽). 그런 다음 "내가 주는 선물은 적은가, 많은가, 적당한가? 내가 선물을 통해 사랑을 더 분명히 전달할 수 있는 방법은 무엇일까?"라고 질문하게 한다.
5. 5과를 공부해 오도록 한다.
6. 고린도후서 8장 7절을 읽고(64쪽) 기도한다. 아들을 선물로 주심으로써 사랑을 보여 주신 하나님께 감사드리며 선물이라는 사랑의 언어에 탁월할 수 있길 간구한다.

## 6회(5과. 사랑의 언어 #4 봉사)

1. 지난주 동안 비싸지 않은 선물을 창의적으로 마련하여 배우자에게 사랑을 표현했던 일을 자원하는 사람들에 한해 나누게 한다.
2. 두 벽에 각각 '사랑'과 '고문'이라는 글을 써 붙이고 "나에게는 설거지가 _____이다." 등의 말을 하여, 참가자들이 자신에게 해당하는 글 앞에 서도록 한다. 둘 다 아니면 중간에 서 있어도 된다. "나에게는 차를 정비소로 가져가는 일이 _____이다.", "청소기 돌리는 일이 _____이다.", "아기를 목욕시키는 일이 _____이다.", "식사를 준비하는 일이 _____이다." 등 일상적인 일들을 읽어 준다.
3. 이 게임을 잠시 즐겁게 진행한 후 이들의 행위를 보고 어떤 것을 분별할 수 있는지 물어본다. "봉사가, 특히 그것이 자신의 사랑의 언어가 아닐 때 결혼 생활에서 사랑을 강력하게 전달하는 도구가 되는 이유는 무엇인가?"라고 묻는다.
4. 다음 질문으로 토의를 진행한다.
- 이전 활동에서 중간에 서 있었다면 당신의 봉사가 사랑인가, 고문인가를 결정하는 조건은 무엇인가? 봉사가 귀찮은 일이 아니라 사랑을 표현하는 방법이 되게 하는 핵심은 무엇인가?
- 예수님의 본에서 봉사에 대해 무엇을 배웠는가?(71-73쪽). 큰 자가 되려면 다른 사람을 섬겨야 한다는 말씀에 놀랐는

가? 이것은 세상과 집에서 진정으로 큰 자가 되는 것에 대해 무엇을 가르쳐 주는가?
- "부탁은 사랑의 방법을 안내해 주지만 명령은 사랑의 흐름을 막아 버린다."라는 문장을 읽는다(72쪽). 이것이 어떤 의미라고 생각하는가? 언제 결혼 생활에서 초점을 잃고 부탁 대신 명령을 하게 되는가? 어떻게 해야 다시 초점을 찾아 사랑으로 서로를 섬길 수 있을까?
- 골로새서 3장 23-24절을 읽으라. 봉사가 제1의 사랑의 언어이든 아니든 상관없이, 이 구절을 바탕으로 배우자를 향한 당신의 봉사를 개선할 수 있는 방법은 무엇일까?(74쪽)
- 어떻게 하면 당신이 가장 싫어하는 일을, 사랑을 표현하고 결혼 생활을 개선하는 투자로 여길 수 있을까?
5. 부부끼리 짝을 지어 사랑의 표현으로 할 수 있는 일의 목록을 나누게 한다(73쪽). 이 목록이 합당한 것인지 정직하게 토의하여 다음 주까지 합의된 목록을 작성하도록 한다.
6. 이번 주 동안 매일 한 번씩 사랑으로 봉사의 행위를 하도록 권한다. 6과를 공부해 오도록 한다.
7. 기도로 모임을 마친다. 부부가 서로를 사랑으로 섬길 수 있길 간구한다.

### 7회 (6과. 사랑의 언어 #5 스킨십)

1. 지난주 동안 배우자가 봉사를 어떻게 실천했는지, 그리고 그것이 어떻게 사랑받는다고 느끼게 해주었는지 자원하는 사람이 있으면 나누게 한다.
2. 스킨십이 왜 사랑의 표현이 될 수 있는지 물어본다. 스킨십과 연관된 감정의 미스터리에 대해 토의한다. 예를 들어, 때로 상처를 받았을 때 우리의 정서적 탱크는 포옹을 갈망하게 한다. 그러나 다른 때는 스킨십을 전혀 원하지 않는다. 특정 순간의 분위기와 태도, 지각 등 모든 것이 스킨십에 대한 욕망에 영향을 미친다.
3. 다음 질문으로 토의를 진행한다.
- 마가복음 10장 13-16절을 읽는다. 아이들이 어른보다 더 많은 스킨십을 필요로 한다는 데 대해 동의하는가? 왜 그런가?
- 스킨십이 사랑이 아닐 경우는 언제인가? 사랑과 귀찮게 하는 것을 어떻게 구별할 수 있는가?
- 고린도전서 7장 3-5절은 배우자의 몸을 대하는 일에 대해 당신에게 어떤 도전을 주는가?(87-88쪽) 이 구절은 당신이 배우자의 몸에 대해 하는 말에 어떤 의미를 주는가?
- 성경에 친밀한 스킨십이 언급되는 것을 보고 놀랐는가? 부부 사이에 이루어지는 사랑의 스킨십과 관련하여 하나님은 무엇

을 원하시는가?(88-89쪽)
4. 이번 부부 대화 시간에는 평소보다 더 많은 공간을 사용하게 하여 둘 사이의 프라이버시를 유지할 수 있게 한다. 먼저 스킨십이 자신에게 얼마나 중요한지를 확인하는 활동(84쪽)에서 서로의 답을 비교해 보도록 한다. 그리고 이번 주의 마지막 활동에 대해 토의하고 함께 기도하게 한다(91쪽).
5. 7과를 공부해 오도록 한다. 만일 7과는 토론하지 않기로 했다면, 참석자들 스스로 교재 공부를 다 마치도록 격려한다. 그리고 이제까지 배운 것들을 계속해서 그들의 결혼 생활에 적용하도록 권한다. 그동안 이 모임에 충실히 참여해 준 것에 감사를 전한다.
6. 기도로 모임을 마친다. 사랑으로 만져 주시는 하나님께 감사드리며 결혼 생활에 치유의 손길을 주시길 간구한다.

## 8회 (7과. 사랑의 성장)

1. 토의할 문제 : 지난주에는 스킨십으로 사랑을 표현하는 방법에 대해 토의했다. 스킨십을 통해 사랑을 표현하는 방법을 어떻게 찾았으며, 스킨십을 받은 사람의 반응은 어떠했는가?
2. 질문 : "사랑하면 눈이 먼다."라는 말의 의미는 무엇인가? 사랑하는 남녀가 서로를 현실적으로 보기 시작하는 때는 언제인가?
3. 다음 질문으로 토의를 진행한다.
- 당신은 배우자와 사랑에 빠졌을 때 어떻게 생각하고 느끼고 행동했는가? 사랑에 빠진 느낌이 사라졌다면 이제는 서로 사랑하지 않는 것인가? 설명해 보라.
- 채프먼 박사는 결혼한 부부들이 어떤 그릇된 생각을 가지고 있다고 말하는가? 사랑하는 사람에게 매여 있지 않는 것이 좋은 이유는 무엇인가?
- 100-101쪽에 나오는 사랑에 대한 이상주의적인 글을 읽으라. 이를 고린도전서 13장에 나오는 진정한 사랑에 대한 설명으로 바꾸어 보라. 어떤 유형의 사랑이 당신의 느낌에 근거하는가? 진정한 사랑은 어디에 근거하는가?
- 심리학자들에 의하면, 사랑에 빠진 경험은 진정한 사랑과 어떻게 다른가? 요한일서 3장 16, 18절에 의하면, 사랑에 빠진 경험과 진정한 사랑은 어떻게 다른가?(102쪽) 우리가 매일 배우자를 위해 우리의 삶을 내려놓을 수 있는 방법이 무엇일지 구체적인 예를 들어 보라.
- 진정한 사랑은 감정, 선택, 행동, 태도 혹은 이 모든 것인가? 설명해 보라. 왜 사랑은 본능이 아닌 이성과 선택에서 나오는가? 그리고 왜 그것이 더 만족스러운 사랑인가?
- 결혼한 후에는 사랑에 빠진 감정이 없어도 된다는 것이 실망스러운가, 아니면 격

려가 되는가? 그러면 진정한 사랑은 감정이 있을 수 없다는 말인가?
- 이 책 앞부분에서 채프먼 박사는 5가지 사랑의 언어를 이해하고, 배우자의 제1의 사랑의 언어로 구사하는 것을 배우게 되면, 상대방의 행동에 큰 변화가 나타날 것이라고 했다. 이 책을 공부하는 동안 당신은 이 사실을 어떻게 경험했는가?
- 지금까지 공부한 여러 과 가운데 당신에게 가장 소중한 내용은 무엇인가?

4. 부부끼리 짝을 지어 5가지 사랑의 언어를 공부하고 나서 서로에게서 어떤 차이점을 발견했는지 나누게 한다. 자신의 사랑의 언어를 말해 준 것에 감사하고 또 앞으로 상대방의 사랑의 언어를 더 잘 말해 줄 것에 감사를 표현하게 한다.

5. '당신을 향한 나의 약속' 서약서를 작성하게 한다(105, 119쪽). 서약서에 사인하여 이 시간에 그것을 배우자에게 주면서 다시 다짐하게 한다. 아니면 이번 주 중에 주도록 계획하게 한다. 두 달에 한 번씩 이 서약서를 보면서 약속을 지키고 있는지 확인하게 한다.

6. 요한일서 4장 9-10절을 읽는다. 사랑을 진정으로 경험하고 표현할 수 있는 유일한 방법은 예수 그리스도와 친밀한 사랑의 관계를 가지는 것임을 설명한다. 불신 부부가 있을 때는 그리스도와 인격적인 관계를 맺는 법을 설명한다. 이 공부를 통해 예수 그리스도를 영접한 참가자가 있다면 초대하여 축하해 준다. 그리스도에 대해 더 알기 원하는 사람이 있다면 모임이 끝난 후 이야기하도록 격려한다.

7. 기도로 모임을 마친다. 사랑을 선물로 주신 하나님께 감사드리며 각 부부가 서로를 진정으로 사랑하도록 도와주시길 간구한다.

## 사명선언문

너희가 흠이 없고 순전하여……세상에서 그들 가운데 빛들로
나타내며 생명의 말씀을 밝혀 _ 빌 2:15-16

### 1. 생명을 담겠습니다
만드는 책에 주님 주신 생명을 담겠습니다.
그 책으로 복음을 선포하겠습니다.

### 2. 말씀을 밝히겠습니다
생명의 근본은 말씀입니다.
말씀을 밝혀 성도와 교회의 성장을 돕겠습니다.

### 3. 빛이 되겠습니다
시대와 영혼의 어두움을 밝혀 주님 앞으로 이끄는
빛이 되는 책을 만들겠습니다.

### 4. 순전히 행하겠습니다
책을 만들고 전하는 일과 경영하는 일에 부끄러움이 없는
정직함으로 행하겠습니다.

### 5. 끝까지 전파하겠습니다
모든 사람에게, 땅 끝까지, 주님 오시는 그날까지
복음을 전하는 사명을 다하겠습니다.

## 서점 안내

**광화문점**  서울시 종로구 새문안로 69 구세군회관 1층
02)737-2288 / 02)737-4623(F)

**강남점**  서울시 서초구 신반포로 177 반포쇼핑타운 3동 2층
02)595-1211 / 02)595-3549(F)

**구로점**  서울시 동작구 시흥대로 602, 3층 302호
02)858-8744 / 02)838-0653(F)

**노원점**  서울시 노원구 동일로 1366 삼봉빌딩 지하 1층
02)938-7979 / 02)3391-6169(F)

**일산점**  경기도 고양시 일산서구 중앙로 1391 레이크타운 지하 1층
031)916-8787 / 031)916-8788(F)

**의정부점**  경기도 의정부시 청사로47번길 12 성산타워 3층
031)845-0600 / 031)852-6930(F)

**인터넷서점**  www.lifebook.co.kr

### 당신을 향한 나의 약속

사랑하는 _____에게

나는 우리의 결혼 생활을 위해
당신의 사랑의 언어를 찾아 날마다 구사함으로써
진정한 사랑을 항상 추구할 것입니다.

20____년 ____월 ____일

당신을 사랑하는 _____